Bedeutsame Kulturlandschaften in Bayerisch Schwaben

*Mit großem Dank widme ich dieses Buch allen Freunden und Partnern,
die meine Arbeit für die Kulturlandschaften in Schwaben
viele Jahre begleitet und unterstützt haben.*

*Möge die Herausgabe dieses Sammelwerkes
zur Wertschätzung und Erhaltung des
natürlichen und kulturellen Erbes beitragen.*

*„Ich lieb so sehr das Schwabenland,
dass nie die Lust zur Arbeit schwand."
Nach diesem Motto habe ich die Aufgaben mit Freude erfüllt.*

Hans Frei

Hans Frei und Fritz Stettmayer

Bedeutsame Kulturlandschaften in Bayerisch Schwaben

Naturraum – Kulturerbe – Schutzgut

Mit Beiträgen von

Markus Hilpert
Michael Ritter
Thomas Schneider

Kunstverlag Josef Fink
Anton H. Konrad Verlag

Grußwort

Liebe Leserinnen und Leser,

als Folge der Coronapandemie verbringen die Bürgerinnen und Bürger Schwabens ihren Urlaub und ihre Freizeit zunehmend in der Heimat. Vermehrt machen sich die Menschen wandernd oder radelnd auf in den Nahbereich. Dabei nehmen wieder viele bewusst wahr, wie schön und abwechslungsreich Schwaben ist.

Wenn wir von der Schönheit Schwabens sprechen, meinen wir meist das, was im Wechselspiel von Natur und dem Wirken des Menschen über einen langen Zeitraum entstanden ist: die Kulturlandschaften. Was die Natur bietet, haben sich Menschen vergangener Zeiten angeeignet. Sie haben Pflanzen kultiviert und Tiere gezähmt, die mit den Gegebenheiten des jeweiligen Naturraumes gut zurechtkamen. Dabei galt es, die Ressourcen zu nutzen und gleichzeitig darauf zu achten, dass die Natur nicht überfordert wird. Unsere Vorfahren haben dabei einen spezifischen Raum geschaffen, der Zeugnis ist für das Leben der Menschen in Schwaben über den Zeitraum vieler Jahrhunderte.

In diesem langen Prozess sind typische Kulturlandschaften entstanden, deren naturräumliche Gegebenheiten sowohl regionale Wirtschaftsweise als auch Baukultur beeinflusst haben. Vor Ort spielten auch kulturelle Faktoren unterschiedlichster Art, wie etwa die Herrschaftsstrukturen, die Konfession oder technische Innovationen, wichtige Rollen. Dadurch bildeten sich unterschiedliche Landschaften mit Wiesen, Äckern und Wäldern sowie kleinen und großen Siedlungen heraus. Ob Städte, Märkte, Dörfer oder Weiler – sie sind historisch gewachsen und geprägt durch charakteristische Erscheinungsbilder. Gleiches gilt für die einzelnen Häuser, die, an die jeweiligen Klimabedingungen angepasst, aus ortsüblichen Materialien errichtet worden sind. Klöster, Kirchen und Kapellen, aber auch Burgen und Schlösser verleihen unseren Kulturlandschaften oft ein markantes Erscheinungsbild und ergeben einen wesentlichen Baustein für das, was wir als Heimat empfinden.

So offensichtlich all das klingen mag, wird es uns oft erst bewusst, wenn wir explizit auf diese Tatsachen hingewiesen werden. Denn viele Dinge erklären sich nicht auf den ersten Blick von selbst. Was unsere Heimat charakteristisch macht, zeigen Menschen auf, die sich intensiv mit ihr auseinandergesetzt haben. Sie verdeutlichen, warum Schwaben so aussieht, wie wir es kennen. Und sie erklären uns die naturräumlichen und kulturellen Zusammenhänge. Das Wissen um diese Zusammenhänge hilft uns dabei, unsere Heimat besser zu schätzen und folglich Eingriffe in die Kulturlandschaft nachvollziehen zu können. Dies wiederum befähigt uns, der Zerstörung gewachsener Elemente entgegenzuwirken und Schwaben als Heimat zu erhalten und behutsam weiterzuentwickeln.

Bewusste Heimatpflege bedarf der fundierten Kenntnis der Grundlagen. Auf ihrer Basis lassen sich Geschichte und Natur vermitteln, wodurch wir für das sensibilisiert werden, was wir als Heimat empfinden. Oder anders gesagt: Nur was wir kennen, können wir auch schätzen und lieben und auch pfleglich behandeln. Für das neue Werk von Hans Frei danke ich dem Autor und allen Mitarbeiterinnen und Mitarbeitern. Es vermehrt unser Wissen und schärft unser Bewusstsein für Zusammenhänge und deren Bedeutung. In diesem Sinne wünsche ich Ihnen viel Freude beim Lesen und (Wieder-)Entdecken unserer Kulturlandschaften.

Herzlichst

Martin Sailer
Bezirkstagspräsident

Grußwort

Liebe Leserin, lieber Leser,

Kulturlandschaften entstehen aus den Wechselwirkungen zwischen den naturräumlichen Gegebenheiten wie Relief, Boden, Wasser und Klima einerseits sowie dem jahrhundertelangen Wirken und Gestalten des Menschen andererseits. Sie sind somit sowohl Teil unseres Naturerbes als auch unseres kulturellen Erbes. Ihre Vielfalt in Bayern ist beeindruckend.

Mit ihrer Geschichte, ihrer Schönheit und ihren ökologischen Funktionen machen sie Regionen unverwechselbar, prägen Heimat und tragen zur regionalen und lokalen Identität bei. Kulturlandschaften zeichnen sich aus durch eine besondere, sinnlich wahrnehmbare Erlebnisqualität.

Das Bayerische Landesamt für Umwelt (LfU) hat von 2011 bis 2013 zusammen mit der Hochschule Weihenstephan-Triesdorf und der TU München 112 bedeutsame bayerische Kulturlandschaften, die ihre charakteristische Eigenart noch auf besondere Weise erhalten haben, ermittelt und beschrieben. Übersichtskarten, Steckbriefe und Kurzbeschreibungen im Internetangebot des LfU stellen den größeren kulturlandschaftlichen Zusammenhang her und benennen die bestimmenden Merkmale.

Im Regierungsbezirk Schwaben liegen 18 der bedeutsamen Kulturlandschaften Bayerns. Herr Prof. Dr. Hans Frei, der als ehemaliger Bezirksheimatpfleger und Museumsdirektor ein ausgewiesener Kenner Schwabens ist, beschreibt die bedeutsamen Kulturlandschaften zwischen Ries und Allgäuer Alpen ausführlich und detailreich. Das vorliegende Buch trägt dazu bei, das wertvolle Erbe im Bewusstsein zu halten und die Eigenart und Vielfalt der bayerischen Kulturlandschaften zu bewahren.

Ich wünsche allen Leserinnen und Lesern eine spannende Lektüre.

Dr. Christian Mikulla
Präsident des Bayerischen Landesamts für Umwelt

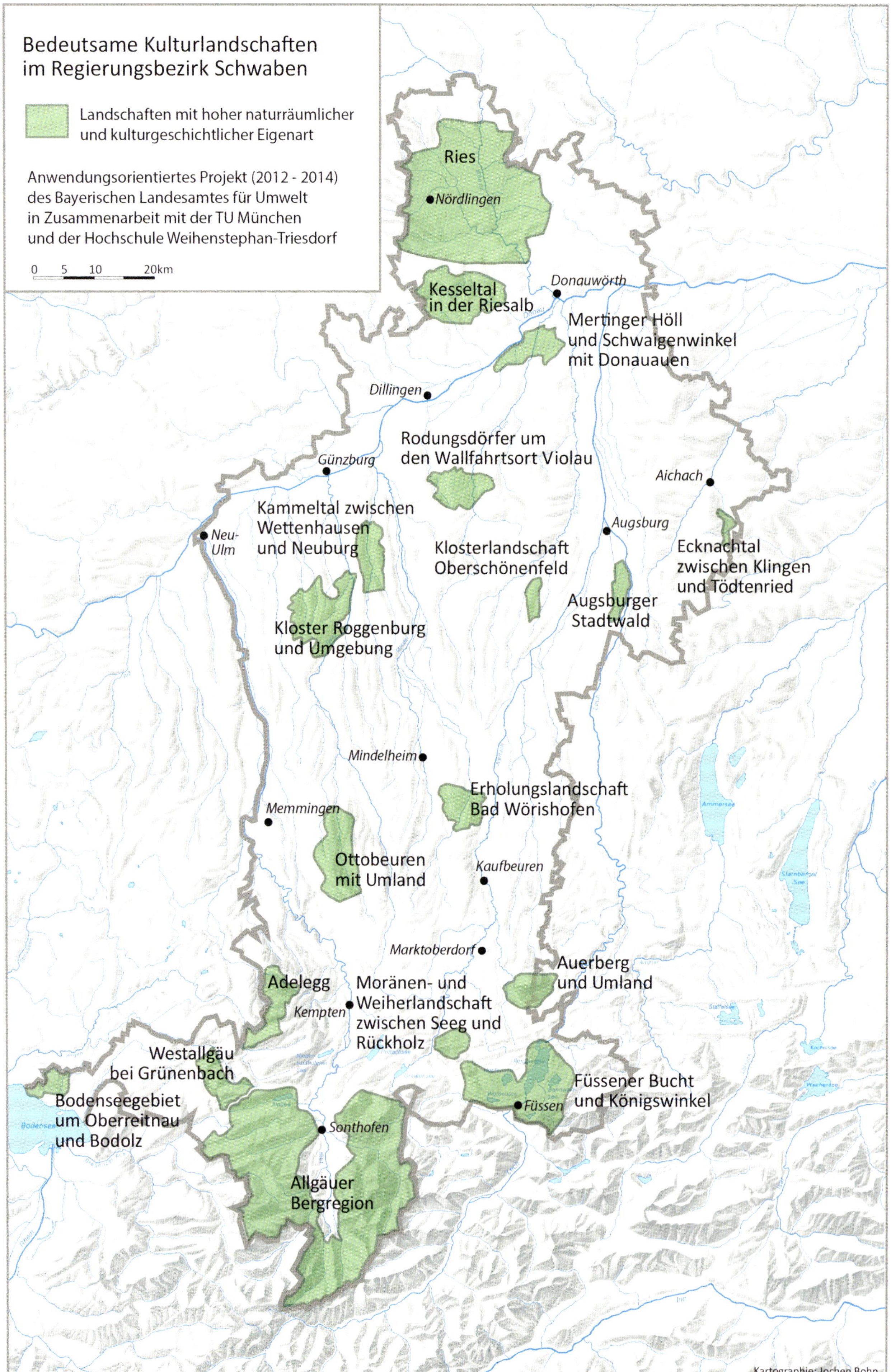
Bedeutsame Kulturlandschaften
im Regierungsbezirk Schwaben
Landschaften mit hoher naturräumlicher und kulturgeschichtlicher Eigenart
Anwendungsorientiertes Projekt (2012 - 2014)
des Bayerischen Landesamtes für Umwelt
in Zusammenarbeit mit der TU München
und der Hochschule Weihenstephan-Triesdorf
0 5 10 20km
Ries
Nördlingen
Kesseltal in der Riesalb
Donauwörth
Mertinger Höll und Schwaigenwinkel mit Donauauen
Dillingen
Rodungsdörfer um den Wallfahrtsort Violau
Günzburg
Aichach
Kammeltal zwischen Wettenhausen und Neuburg
Neu-Ulm
Augsburg
Klosterlandschaft Oberschönenfeld
Ecknachtal zwischen Klingen und Tödtenried
Augsburger Stadtwald
Kloster Roggenburg und Umgebung
Mindelheim
Erholungslandschaft Bad Wörishofen
Memmingen
Ottobeuren mit Umland
Kaufbeuren
Marktoberdorf
Auerberg und Umland
Adelegg
Moränen- und Weiherlandschaft zwischen Seeg und Rückholz
Kempten
Westallgäu bei Grünenbach
Füssener Bucht und Königswinkel
Füssen
Bodenseegebiet um Oberreitnau und Bodolz
Sonthofen
Allgäuer Bergregion
Kartographie: Jochen Bohn

Bedeutsame Kulturlandschaften in Bayerisch Schwaben
Naturraum – Kulturerbe – Schutzgut

Grußwort des Präsidenten des Bezirkstags von Schwaben	Martin Sailer	4
Grußwort des Präsidenten des Bayerischen Landesamts für Umwelt	Christian Mikulla	5
Inhaltsverzeichnis		7
Vorwort	Hans Frei	9
Naturraum und Landschaft	Hans Frei	10
Grundzüge der Geschichte Schwabens	Hans Frei	16
Bedeutsame Kulturlandschaften im Spannungsfeld zwischen Erhaltung und Veränderung	Hans Frei	24
Kartierung der historischen Kulturlandschaft	Markus Hilpert	26
Bedeutsame Kulturlandschaften – Sehen – Verstehen – Vermitteln	Thomas Schneider	32
Bedeutsame Kulturlandschaften in Schwaben – Vom Ries bis zum Allgäu		40
Das Ries – eine Landschaft mit naturräumlicher Eigenart und kulturellem Reichtum	Hans Frei	42
Kesseltal in der Riesalb	Markus Hilpert	56
Mertinger Höll und Schwaigenwinkel im Donauried	Hans Frei	60
Rodungsdörfer um den Wallfahrtsort Violau	Hans Frei	66
Klosterlandschaft Oberschönenfeld	Hans Frei	70
Kammeltal zwischen Neuburg und Wettenhausen	Hans Frei	76
Kloster Roggenburg und Umgebung	Hans Frei	82
Augsburger Stadtwald	Hans Frei	88
Ecknachtal zwischen Tödtenried und Klingen	Michael Ritter	92
Erholungslandschaft Bad Wörishofen	Hans Frei	96
Ottobeuren und sein Umland	Hans Frei	102
Auerberg und sein Umland	Hans Frei	108
Moränen- und Weiherlandschaft zwischen Seeg und Rückholz (Lkr. Ostallgäu)	Hans Frei	112
Füssener Bucht und Königswinkel	Hans Frei	116
Adelegg – Bergland zwischen Buchenberg und Isny	Hans Frei	122
Allgäuer Bergregion	Hans Frei	126
Westallgäu zwischen Gestratz, Grünenbach und Stiefenhofen	Hans Frei	136
Bodenseegebiet um Oberreitnau und Bodolz	Hans Frei	140
Literatur	Wolfgang Hatz	144
Bildnachweis		150
Impressum		152

Vorwort

Ein wesentliches kulturelles Erbe in Bayern und weit darüber hinaus in ganz Europa sind die von Menschen geschaffenen Kulturlandschaften. Seit Jahrzehnten verändern sie ihr Erscheinungsbild und ihre ökologischen Strukturen. Damit werden die kulturgeschichtlichen Elemente in großem Umfang überformt oder gar zerstört. Gleichzeitig geht unser Wissen über Natur und Landschaft sowie über den geschichtlichen Werdegang zurück, sodass dieses kulturelle Erbe zunehmend in Vergessenheit gerät.
In dieser Erfahrung als langjähriger Heimatpfleger und Universitäts-Dozent für Kulturgeographie liegen der Ansatz und der Anreiz für die Herausgabe dieses Buches. Es möchte am Beispiel des Bezirks Schwaben in Bayern einen Beitrag leisten zur Kenntnis und zum Verständnis der kulturlandschaftlichen Besonderheiten zwischen Ries und Allgäu, die im Lauf einer wechselvollen Geschichte in dem vielgestaltigen Naturraum entstanden sind.
Im Rahmen eines anwendungsorientierten Projektes hat das Bayerische Landesamt für Umwelt in Verbindung mit der TU München und dem Bayerischen Landesverein für Heimatpflege bayernweit 112 Räume als bedeutsame Kulturlandschaften ausgewiesen und in Kurzbeschreibungen erläutert.
18 typische Beispiele werden in diesem Buch detailliert vorgestellt, auf topographischen Karten räumlich vermittelt, mit Beschreibungen und mit aussagekräftigen Bildern dokumentiert.
Zu großem Dank fühlt sich der Herausgeber und Hauptautor gegenüber allen Partnern verpflichtet, die zum Gelingen des Buches beigetragen haben. Besonderer Dank gilt dem Fotografen Fritz Stettmayer, der im Laufe von drei Jahren lange Wege und allerhand Mühe in Kauf genommen hat, um die Bildwünsche zu erfüllen. Ebenso danke ich für die ergänzenden Motive fachkundiger Fotografen. Sie sind im Bildnachweis namentlich genannt.
Herzlichen Dank sage ich den Partnern beim Landesverein für Heimatpflege, bei den Naturschutzvereinen und im Institut für Geographie der Universität Augsburg, vor allem den beiden Autoren Markus Hilpert und Thomas Schneider. Der Kunstverlag Josef Fink in Lindenberg und der Anton H. Konrad Verlag in Weißenhorn, mit denen mich seit Jahrzehnten eine erfolgreiche Zusammenarbeit für schwäbische Themen verbindet, haben die Herausgabe dieses Buches bestens betreut.
Einen wesentlichen Beitrag zum Informationsgehalt des Buches hat Jochen Bohn mit der Bearbeitung des Layouts und der Kartenbeilagen geleistet. Serap Ceran und Verena Gawert haben mit Können und Geduld die Schreibarbeiten übernommen.
Der Bezirk Schwaben, die Bayerische Volksstiftung, die Dr. Eugen Liedl Stiftung und die Hans Frei Kulturstiftung sowie private Förderer haben das Erscheinen finanziell unterstützt.

Möge es gelingen, mit diesem Buch eine breite Aufmerksamkeit für die bedeutsamen Kulturlandschaften zu wecken und in einer Zeit tiefgreifender Veränderungen die Aufgaben und Maßnahmen für die Erhaltung und Pflege ihrer Eigenarten zu fördern.

Hans Frei

Linke Seite von oben nach unten:
Blick über das Riesbecken bis zur nördlichen Umrahmung, im Mittelgrund das Dorf Alerheim

Mittelschwäbisches Hügelland mit dem westlichen Beckenrand der Reischenau und dem Dorf Saulach vor der Hohen Reute

Blick über die Moränenlandschaft beiderseits des Illertales südlich von Kempten mit Streusiedlung und Wechsel von Wiesen und Wald. Im Hintergrund: Höhenzug der Faltenmolasse

Talkessel von Oberstdorf (800 m), umrahmt von der Bergkulisse der Allgäuer Kalkalpen. Bildmitte: wuchtiger Klotz des Himmelschrofens (1700 m) aus Hauptdolomit, links schieben sich die steilgeböschten Grashänge auf Liasfleckenmergel ein. Darüber breiten sich die felsigen Grate und die schroffen Hänge des Allgäuer Hauptkamms (über 2000 m) von den Krottenspitzen bis zum Hohen Licht aus.

Naturraum und Landschaft

Hans Frei

„Wie der Ökologe das Schneckenhaus nicht außer Acht lassen kann, wenn er die Lebensweise der Schnecke verstehen will, so wird man die menschliche Gesellschaft und ihre geschichtliche Entwicklung nicht begreifen, wenn man sie nicht in Verbindung mit Natur und Landschaft sieht."

(Josef Schmithüsen, 1909–1984)

Natur und Landschaft sind die Grundlagen menschlicher Existenz, wirtschaftlicher Entwicklung und kultureller Entfaltung. Die natürlichen Gegebenheiten wie Relief und geologischer Untergrund, Klima und Gewässer, Boden und Vegetation haben im Laufe der Geschichte den Ablauf der Besiedlung, die Art und Intensität der agrarischen Nutzung, die Bauweise, das gewerbliche Leben, ja die gesamte Entwicklung der Dörfer und Städte entscheidend beeinflusst. Neben der Nutzbarkeit der Natur spielten dabei stets die ökonomischen Ziele und Ansprüche, welche die Menschen im Rahmen der gesellschaftlichen Ordnung und des wirtschaftlichen Geschehens sowie in steter Abhängigkeit von den technischen Möglichkeiten an den Naturraum stellten, eine wichtige Rolle.

Schwaben hat Anteil an drei großen Natureinheiten Süddeutschlands, dem Schichtstufenland im Norden, dem Alpenvorland in der Mitte und den Alpen im Süden. Innerhalb dieser geologisch-tektonisch bestimmten Grundstrukturen lassen sich acht verschiedene naturräumliche Einheiten voneinander abgrenzen, die für eine große Vielfalt im Bild der Landschaft und in der kulturlandschaftlichen Ausgestaltung verantwortlich sind.

Im Norden ist im Nahtbereich von Schwäbischer und Fränkischer Alb das kreisförmige Riesbecken als erdgeschichtliche Besonderheit eines Meteoritenkraters eingesenkt. Beide bilden eigene naturräumliche Einheiten. Südlich des breiten Donautals als selbständiger Landschaftseinheit gliedert sich das Alpenvorland in die Iller-Mindel-Lech-Platten, das Tertiärhügelland östlich des unteren Lechs und in das voralpine Hügelland der Moränenlandschaft. Im Süden bilden die ostwestlich verlaufenden Höhenrücken der Voralpen, die mehr als 1000 m Höhe erreichen, den Übergang zum schwäbischen Anteil der Kalkhochalpen, die mit markanten Gipfeln und scharfen Graten über 2000 m erreichen. Zusammenfassend werden sie als Allgäuer Alpen bezeichnet.

Geologie und Relief

Der Beschreibung der bedeutsamen Kulturlandschaften Schwabens sollen noch einige Grundtatsachen der Erd- und Landschaftsgeschichte vorausgehen. Im Gebiet des heutigen Schwaben treten Gesteine an die Oberfläche, die im Laufe der letzten 250 Mio. Jahre gebildet worden sind. Sie entstanden im Wechselspiel von Hebungen und Senkungen der Erdkruste und im steten Rhythmus von Ablagerungs- und Abtragungsvorgängen auf der Erdoberfläche.

Im Aufbau der Allgäuer Alpen als Teil des Falten- und Deckengebirges der nördlichen Kalkalpen sind sehr unterschiedliche Gesteine aus den erdgeschichtlichen Formationen der Trias-, Jura- und Kreidezeit vorherrschend. In der Schwäbisch-Fränkischen Alb bildet das Kalkgestein des Oberen Jura das landschaftsbestimmende Bauelement. Im Alpenvorland zwischen Donau und Alpenrand liegt dasselbe Gestein unter einer 3000 m mächtigen Schichtenfolge von Kiesen und Sanden, die während der ca. 60 Mio. Jahre dauernden Tertiärzeit aus dem Abtragungsmaterial der langsam emporsteigenden Alpen in einem Meeresbecken angehäuft worden sind. Diese Ablagerungen werden unter dem Sammelbegriff „Molasse" (= weiches, sandig-mergeliges Gestein) zusammengefasst. In die ausgehende Tertiärzeit fällt auch die Entstehung des Riesbeckens als Einschlagskrater eines Meteoriten vor ca. 14,5 Mio. Jahren.

Mit dem Beginn des jüngsten Zeitabschnittes der Erdgeschichte, dem Quartär vor ca. 2,5 Mio. Jahren, veränderten sich allmählich die Klimaverhältnisse, sodass riesige Eismassen aus den Gebirgsregionen mehrfach ca. 50 km ins flache Vorland vorstießen und vielfältige Relikte hinterlassen haben. Im Wechsel von Kalt- und Warmzeiten wurden im Wesentlichen Relief und Formenbild der Alpen und des Alpenvorlandes mit dem engen Nebeneinander von Tälern, Ebenen und Höhenzügen geschaffen. Nach dem Abklingen der letzten Kaltzeit vor ca. 15.000 Jahren beginnt die Jetztzeit im geologischen Sinn. Mit der Erwärmung bildete sich die Verteilung der Böden, Pflanzen und Tiere heraus, auf deren Grundlage die Siedler und Bauern das Land seit nahezu 8000 Jahren genutzt und den Raum geprägt haben. Aus dem Umgang der Menschen mit der natürlichen Umwelt sind die kulturlandschaftliche Vielfalt und kulturräumliche Ordnung entstanden, die das Gebiet des heutigen Schwaben kennzeichnen.

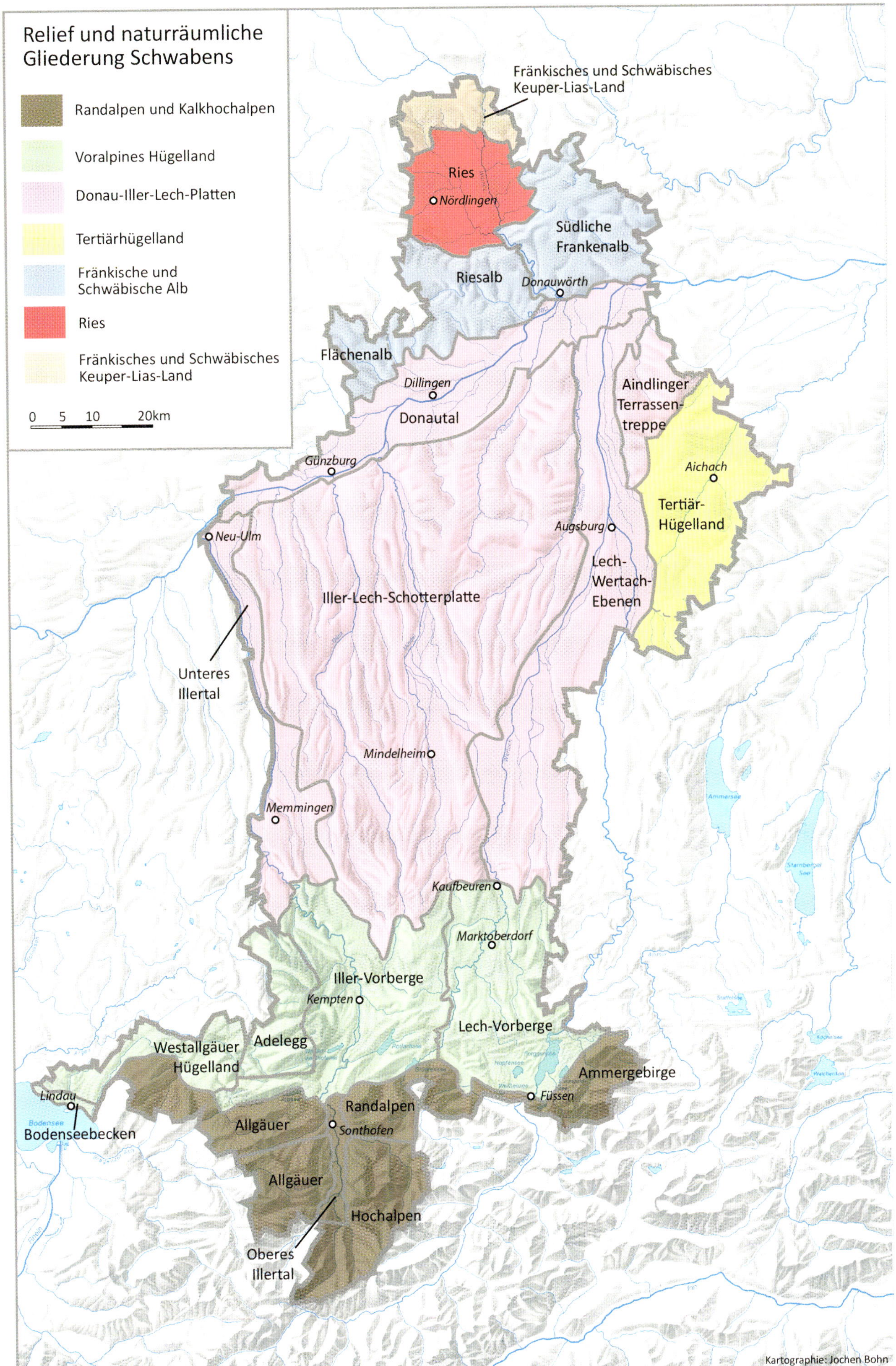
Relief und naturräumliche Gliederung Schwabens
Randalpen und Kalkhochalpen
Voralpines Hügelland
Donau-Iller-Lech-Platten
Tertiärhügelland
Fränkische und Schwäbische Alb
Ries
Fränkisches und Schwäbisches Keuper-Lias-Land
0 5 10 20km
Fränkisches und Schwäbisches Keuper-Lias-Land
Ries
Nördlingen
Südliche Frankenalb
Riesalb
Donauwörth
Flächenalb
Dillingen
Donautal
Aindlinger Terrassen-treppe
Aichach
Günzburg
Tertiär-Hügelland
Neu-Ulm
Augsburg
Lech-Wertach-Ebenen
Iller-Lech-Schotterplatte
Unteres Illertal
Mindelheim
Memmingen
Kaufbeuren
Marktoberdorf
Iller-Vorberge
Kempten
Lech-Vorberge
Westallgäuer Hügelland
Adelegg
Ammergebirge
Lindau
Füssen
Randalpen
Allgäuer
Sonthofen
Bodenseebecken
Allgäuer
Hochalpen
Oberes Illertal
Kartographie: Jochen Bohn

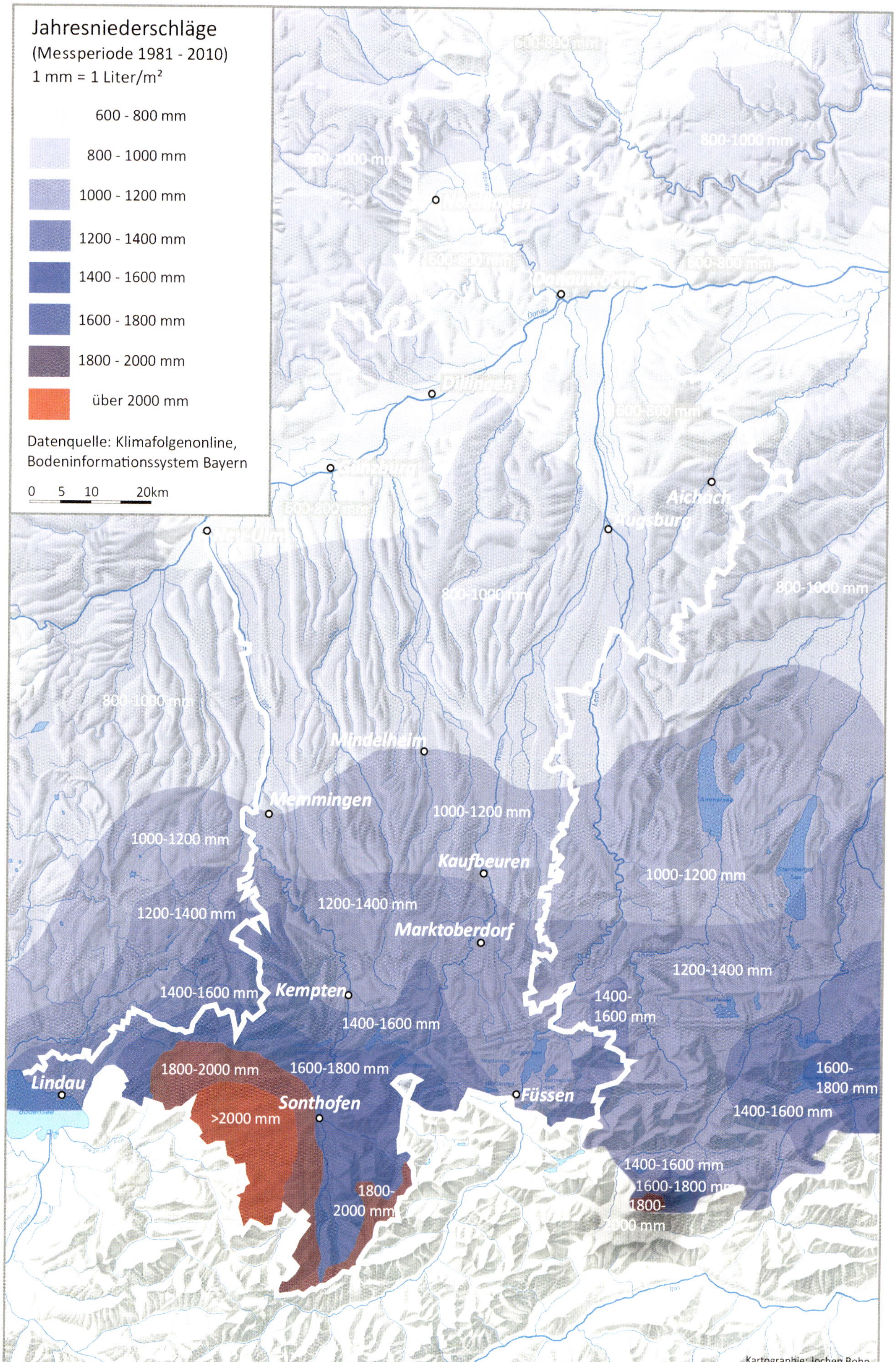
Jahresniederschläge
(Messperiode 1981 - 2010)
1 mm = 1 Liter/m²
600 - 800 mm
800 - 1000 mm
1000 - 1200 mm
1200 - 1400 mm
1400 - 1600 mm
1600 - 1800 mm
1800 - 2000 mm
über 2000 mm
Datenquelle: Klimafolgenonline, Bodeninformationssystem Bayern
0 5 10 20km
600-800 mm
800-1000 mm
Donauwörth
Dillingen
Aichach
Augsburg
Mindelheim
Memmingen
Kaufbeuren
Marktoberdorf
Kempten
Lindau
Sonthofen
Füssen
1000-1200 mm
1200-1400 mm
1400-1600 mm
1600-1800 mm
1800-2000 mm
>2000 mm
Kartographie: Jochen Bohn

Klimatische Prägung

Die klimatischen Verhältnisse Bayerisch Schwabens sind gekennzeichnet durch die Lage im Übergangsbereich vom atlantischen feuchtgemäßigten Maritimklima in Westeuropa zum trockenen Kontinentalklima im Osten. Einen starken Einfluss übt die Lage im Nordsaum der Alpen aus. Durch Stau- und Föhnwirkungen des Gebirges und durch die Reliefunterschiede zwischen Alpen und Schwäbischer Alb ergeben sich deutliche Unterschiede zwischen den klimabegünstigten Bereichen im Ries und im Donautal und den mäßig kalten Wintern am Alpenrand. Die prägenden Klimaelemente sind die Lufttemperatur und die Niederschläge.

Neben den großklimatischen Gegebenheiten spielen zwischen dem Donautal und den Alpen die großen Höhenunterschiede sowie die Lage im Nordstau der Alpen eine wesentliche Rolle. Die Jahresmittelwerte der Temperaturen nehmen mit zunehmender Höhe um 100 m durchschnittlich um 0,5 °C ab. Demzufolge sinkt das Jahresmittel, das ein ungefähres Bild von der einer Gegend zugeführten Wärmemenge wiedergibt, vom Ries mit ca. 8 °C bis zum Alpenrand bei Füssen oder Oberstdorf auf 5 °C bis 6 °C ab.

Im Gebirge sinken die Werte mit zunehmender Höhe rapide ab, sodass die Nullgradgrenze des Jahresmittels mit ca. 50 frostfreien Tagen bei etwa 2000 m liegt. In der Verteilung der Niederschlagsmengen pro Jahr wird die Höhengliederung besonders deutlich. Im Ries und im Donautal fallen im Jahresdurchschnitt 600–700 mm (= Liter pro m^2) Regen, im nördlichen Teil der Iller-Lech-Platte 700–800 mm, südlich einer Linie Illertissen-Krumbach-Landsberg einschließlich der nach Norden zungenförmig ausgreifenden Staudenplatte 800–900 mm.

In einem reliefbedingten Übergangssaum zwischen Kempten, Kaufbeuren und Marktoberdorf wird eine Niederschlagssumme zwischen 1000 und 1200 mm erreicht. In der südlich anschließenden alpinen Hügelzone steigen die Werte rasch auf 1500 mm an, in den Tallagen des Alpenrandes auf 1800 mm, in den Randalpen auf 2000 mm und in den Allgäuer Hochalpen auf bis zu 2500 mm. Im Allgäu fällt also das Zwei- bis Dreifache an Regenmenge gegenüber dem Ries oder dem Donautal im Jahresmittel. Die damit verbundenen Konsequenzen für Siedlung und Landnutzung werden verstärkt durch die atlantische Prägung, d. h. die Mehrheit des Regens fällt im Frühsommer und kann den Ertrag der Ackerfrüchte entscheidend beeinflussen.

Die mittlere Zahl der Tage mit Schneedecke, ein wichtiges Kriterium für die Vegetationsperiode, nimmt ebenfalls vom Ries (15 Tage) über das Donautal, Augsburg, Kaufbeuren, Kempten zum Alpenrand kontinuierlich zu und kann im Oberstdorfer Becken bis zu 100 Tage erreichen. Der Schneereichtum des Allgäus ist die Voraussetzung für einen intensiven Wintertourismus. Im Rahmen des weltweiten Klimawandels zeigt sich auch für Schwaben in den letzten Jahrzehnten ein Trend zum Temperaturanstieg im Jahresmittel. Dazu kommen die Extremereignisse wie Sturm und Starkregen mit deutlichen Folgen für die Tier- und Pflanzenwelt.

Für die Eignung eines Raumes zur landwirtschaftlichen Nutzung ist die jährliche Zahl der Tage mit einer Tagesmitteltemperatur von mindestens 10 °C wichtig. Wenn die Vegetationsperiode lang ist, kann der Landwirt zwischen mehreren Kulturpflanzen eine Wahl treffen und evtl. Zwischenfruchtanbau betreiben. Messergebnisse zeigen, dass der Wert von durchschnittlich 10 °C im Ries und Donautal sowie im Iller- und im Lechtal bei ca. 160 Tagen liegt, im Alpenvorland bei 130–140 Tagen und am Alpenrand bei etwa 120 Tagen. Ein wichtiges Datum für die Vegetationszeit ist der Beginn der Apfelblüte, der den Termin für den Vollfrühling anzeigt. Dieser Termin hat sich in den letzten Jahrzehnten um ca. 10 Tage verschoben und liegt derzeit im Ries zwischen dem 15. und 20. April, im Donau-, Lech- und Illertal um den 25. April, im voralpinen Hügelland zwischen dem 10. und 20. Mai. Das bedeutet für Nordschwaben eine längere Wachstumsperiode von etwa drei Wochen gegenüber dem Allgäu.

Anspruchsvollere Gewächse wie Zuckerrüben, Gemüse und Obst gedeihen gut in der Höhenlage zwischen 400 und 500 m, während oberhalb zwischen 500 und 600 m Getreide und Hackfrüchte dominieren. Jenseits der 600-m-Höhenstufe treten die Ackerflächen zugunsten des Grünlandes zurück. Ein Sonderfall ist das Bodenseegebiet mit dem milderen Seeklima.

Der Übergangsraum mit Grünlandanteil zwischen 50 und 60 Prozent ist ziemlich breit. Er buchtet auf der Linie Illertissen-Krumbach-Schwabmünchen nach Norden aus, entsprechend der von Klima und Boden abhängigen Ertragsfähigkeit. Südlich der letzteiszeitlichen Endmoränen, also ab 700 m Höhe, dominiert die agrarische Nutzung mit Wiesen und Weiden, die sich in jüngster Zeit durch den zunehmenden Maisanbau verändert. Die Ausweitung der Ackernutzung geht auf die Zunahme der Biogasanlagen zur Stromerzeugung zurück.

Die Böden und ihre Nutzung

Die Art und die Ertragsfähigkeit der Böden bestimmen in Verbindung mit dem Klima und den Grundwasserverhältnissen die Landnutzung. Die Unterschiede in der Bodenqualität haben deshalb seit frühester Zeit die Eignung einer Landschaft für die Besiedlung und den Anbau beeinflusst. Damit ist die Entwicklung verschiedener Kulturlandschaften geprägt worden.

Ausgangsmaterial für die Bodenbildung sind lockere und feste Gesteine, die an der Erdoberfläche unter dem Einfluss der Niederschläge und der Temperatur der physikalischen und chemischen Verwitterung unterliegen. Die Produkte der Gesteinsverwitterung bilden, durchsetzt von organischen Stoffen sowie Wasser und Luft, die Böden. Ihr Spektrum reicht in Schwaben von feinstkörnigen Tonböden über Lehm-, Fein- und Grobsandböden bis zu kieshaltigem Gemenge. Sie werden in Abhängigkeit von ihrer mineralischen Zusammensetzung, ihrem Nährstoffgehalt, ihrem Entwicklungszustand und ihrer Wasserdurchlässigkeit in verschiedene Bodentypen eingeteilt, die oft auf engstem Raum verzahnt sind und sich in ihren Eigenschaften unterscheiden.

Die jeweilige Wertigkeit für die Landnutzung hat sich im Laufe der letzten 100 Jahre durch menschliche Einflussnahme wie Entwässerung, Düngung und Pflanzenzucht verändert, doch besteht weiterhin eine deutliche Beziehung zwischen der Bodengüte und der jeweiligen Nutzungsart für Wald, Ackerland oder Wiese.

In der Verbreitung des Waldes kommt ein wesentliches Merkmal der Bodeneignung zum Ausdruck. Rund 30 Prozent Schwabens sind gegenwärtig mit Wald bedeckt. Waldarme Gebiete sind vor allem das Ries, die Flusstäler von Donau, Iller, Lech und Wertach, das Tertiärhügelland beiderseits der Paar und die Moränenlandschaft am Alpenrand. Einen hohen Waldanteil haben dagegen die Hochflächen der Schwäbisch-Fränkischen Alb sowie große Teile des mittelschwäbischen Hügellandes, insbesondere die Gegend zwischen Schmutter, Zusam und Mindel sowie die Rand- und Hochalpen des Allgäus.

Die heutige Verteilung der Waldarten ist stark von der Umgestaltung des Naturpotentials durch den Menschen geprägt. Der Wald wurde jahrhundertelang für Weidezwecke genutzt. Im Wald sammelte man Laub und Streu. Landwirtschaft und Waldnutzung waren in der vorindustriellen dörflichen Wirtschaft eng miteinander verbunden. Holz war der unentbehrliche Rohstoff für den Hausbau, für die Herstellung von Möbeln und Geräten, und in den meisten Gebieten das einzig verfügbare Heizmaterial für Wohnung und Gewerbe. In manchen Gegenden wurde der Wald deshalb stark zurückgedrängt und durch intensive Nutzung verändert, wie z. B. südwestlich von Augsburg im Gebiet der Stauden. Dieser Begriff bezeichnet eine mit Buschwerk und Gesträuch bedeckte Gegend, die erst durch Forstordnungen und Einrichtungspläne im Laufe der letzten 150 Jahre wieder in ein ertragreiches und leistungsstarkes Waldgebiet umgewandelt wurde.

Im Vordergrund einer ertragreichen Waldwirtschaft steht seitdem die Fichte, die in Schwaben einen Anteil von 70 Prozent hat. Dabei hat sich die Fichte auch auf weniger geeignete Standorte ausgebreitet, wo ursprünglich ein hoher Anteil an Laubholz vorherrschte. Buche, Eiche und andere Laubbäume bilden im Bereich der Schwäbisch-Fränkischen Alb und in den Auwäldern von Donau, Lech und Iller noch größere Bestände mit Anteilen von Esche, Erle und Pappel. Dies ist auf die standörtlichen Verhältnisse mit Kalkverwitterungsböden oder nährstoffhaltigen Decklehmen zurückzuführen. Auf nährstoffarmen Sanden oder kalkigen Kuppen herrschen Kiefern vor. Im Bergland ist der Mischwald in der Höhenzone bis ca. 1500 m ebenfalls stark von Fichtenbeständen geprägt. Daneben kommen Buche, Bergahorn, Esche sowie die vom Wild stark gefährdete Tanne vor. In zunehmender Höhenlage beherrscht die Fichte den Bergwald, teilweise auf günstige Kleinstandorte zusammengedrängt. Durch Aufforstung in den Hochlagen sind neben der Fichte auch Grünerlen, Ahorn und Vogelbeere eingestreut.

Der kleinräumige Wechsel von Wald und offener Landschaft ist ein charakteristisches Element des schwäbischen Raumes. Der Wald leistet wichtige Funktionen für den Schutz des Wassers, des Bodens und des Klimas. Zahlreiche Vogelarten haben im Wald ihre Brut- und Nistplätze. Als Erholungsraum spielt er für die Freizeitgestaltung, für Natur- und Umweltbildung und den Tourismus eine besondere Rolle, beispielsweise in den Naturparken „Augsburg-Westliche Wälder“ und „Nagelfluhkette“. Wanderwege, Radrouten und Lehrpfade erschließen hochwertige Naturräume, die eine prägende Wirkung für die Kulturlandschaft haben.

Eine besondere Bedeutung für den Erlebniswert des Waldes haben die Waldränder. Hier können sich aufgrund der wechselnden Licht- und Feuchteverhältnisse Sträucher wie Hasel, Holunder, Schlehe oder Weißdorn entfalten. Der Stellenwert der Kulturlandschaften wäre ohne die Vielfalt der Wälder nicht denkbar. Besorgnis bereitet allerdings die Schädigung des Waldes durch den Eintrag von Schadstoffen, durch Stürme und Trockenheit. Die Anpassung an den Klimawandel stellt erhebliche Ansprüche an das Ökosystem Wald. Dazu kommen die vielfältigen Nutzungswünsche der Gesellschaft bis zu den erneuerbaren Energien.

Blick auf Schwaben aus dem Weltraum.
Aus einer Entfernung von ca. 700 km hat der Beobachtungssatellit Landsat 5 das Bild von der Landoberfläche Schwabens aufgenommen. Das eingegrenzte Gebiet erstreckt sich vom kreisrunden, fast waldfreien Riesbecken im Norden bis zu den Gipfeln der Allgäuer Alpen. Gut zu unterscheiden sind die waldbedeckten Zonen (dunkelgrün) von den landwirtschaftlich genutzten Flächen (hellgrün) und den besiedelten Bereichen (grau-beige). Einige Fließgewässer (Donau, Iller, Wertach, Lech) werden von girlandenartigen Waldstreifen begleitet.

Grundzüge der Geschichte Schwabens

Hans Frei

Schwaben als bayerischer Regierungsbezirk ist weder eine historische noch eine geographische Raumeinheit. Die räumliche Ausdehnung und die heutigen Grenzen sind das Ergebnis geschichtlicher Entwicklungen und administrativer Entscheidungen ohne irgendwelche Rücksicht auf alte Stammes- oder Sprachgrenzen und ohne Übereinstimmung mit naturräumlichen Einheiten. Mit einer Fläche von rund 10.000 km² ist Schwaben der drittgrößte und in der Einwohnerzahl mit etwa 1,9 Mio. nach Oberbayern der zweitgrößte Regierungsbezirk Bayerns.

Schwaben wird oft mit einem bunten „Flecklesteppich" verglichen. Der Historiker versteht darunter das Territorienmosaik aus fürstlichen, gräflichen, reichsstädtischen, klösterlichen und ritterschaftlichen Hoheitsgebieten verschiedener Größe und unterschiedlichen Ranges, das die politische Landkarte bis 1800 bestimmte. Der Geograph denkt an die naturräumliche Vielfalt der Landschaften zwischen Lech und Iller, Ries und Bodensee. Schwaben hat Anteil an drei großen Bauelementen Süddeutschlands: dem Schichtstufenland im Norden, dem Alpenvorland in der Mitte und den Alpen im Süden.

Siedlungsgeschichte

Für den Werdegang der Besiedlung und die kulturelle Ausgestaltung des Raumes spielten die natürlichen Grundlagen (Gestein, Boden, Klima, Gewässer) und die Verteilung der Höhenstufen eine entscheidende Rolle. Die Kernräume der Besiedlung und des Wirtschaftslebens konzentrieren sich infolge der Klimaverhältnisse in Höhenlagen zwischen 400 und 700 m. In diesem Bereich gedeihen neben Getreide auch anspruchsvollere Nutzpflanzen.

In der Altsteinzeit lebten die Menschen als Sammler und Jäger. Das älteste Werkzeug des Homo sapiens in dieser Region dürfte der große Faustkeil von Mündling (Landkreis Donau-Ries) sein, der vermutlich aus der Riß-Eiszeit stammt und damit älter als 100.000 Jahre ist. Die Träger der altsteinzeitlichen Kulturen hinterließen in Höhlen und auf Rastplätzen zahlreiche Spuren. Mit der fortschreitenden Erwärmung in der Nacheiszeit dehnten die Jäger und Sammler ihren Lebensraum nach Süden vor allem entlang der Täler von Lech, Wertach und Iller aus und legten periodische Niederlassungen im Uferbereich mehrerer Seen am Alpenrand an.

Ein entscheidender Wandel in der Siedlungs- und Wirtschaftsweise vollzog sich in der jüngeren Steinzeit vor rund 8000 Jahren. Die neolithischen Ackerbauern siedelten in festen Holzhäusern und lebten in dörflichen Gemeinschaften, bauten Getreide an und domestizierten Wildtiere. Archäologisch spiegelt sich die veränderte Lebensweise vor allem in der Verbesserung der Steingeräte und in der Herstellung von Gefäßen, die als wichtige Hilfsmittel für die Abgrenzung und Datierung verschiedener Kulturgruppen eine wichtige Rolle spielen. Die ältesten in Schwaben siedelnden Bauern gehörten zur Kulturstufe der Bandkeramiker, die sich bevorzugt entlang der Terrassen von Donau, Lech und Iller niederließen. Nachfolgekulturen des Mittel- und Jungneolithikums benutzten das gleiche Areal und legten zusätzlich Siedlungen auf isolierten Bergkuppen an.

Das langsame Fortschreiten in der Erschließung des Landes während der folgenden Metallzeiten (Bronze- und Eisenzeit, 2000–450 v. Chr.) wird durch zahlreiche Siedlungsreste und Grabfunde angezeigt.

Aus der Art und Form des überlieferten Sachgutes kann man schließen, dass der Raum zwischen Iller und Lech in vorgeschichtlicher Zeit ein wichtiges Durchgangsland östlicher und westlicher Kulturgruppen gewesen ist. Schwerpunkte der Besiedlung waren weiterhin das Ries sowie die Terrassen entlang der Flusstäler. Funde und Wallanlagen auf Höhenrücken lassen auf eine zunehmende Differenzierung der Siedlungsplätze schließen. Die Bestattung in Grabkammern und die Art der Beigaben zeigen eine soziale Differenzierung der Bevölkerung an. Für die letzten Jahrhunderte vor der Zeitenwende ist mit den Kelten erstmals die Bevölkerung unseres Raumes auch namentlich bekannt.

Wall und Graben der spätkeltischen Viereckschanze „Brennburg" bei Willmatshofen, Landkreis Augsburg

Archäologischer Fundstoff aus Siedlungen und Gräbern belegt die Blüte von Kunst und Handwerk sowie den Wirtschaftsverkehr mit der römisch-hellenistischen Welt des Mittelmeerraumes. Politische und wirtschaftliche Mittelpunkte waren in der spätkeltischen Zeit stadtartig befestigte Siedlungen, zugleich Sitze des Adels, der Wirtschaft und des Handwerks. Als Kultplätze und Tempelbezirke sind die sog. „Viereckschanzen" zu deuten.

Als die Römer um 15 v. Chr. das Alpenvorland unter ihre Herrschaft gebracht hatten, gingen die einheimische Bevölkerung und die kulturelle Überlieferung allmählich im römischen Imperium auf. Der Verlauf der folgenden fast 400-jährigen Römerzeit lässt sich aus zahlreichen Bodendenkmälern und Bodenfunden rekonstruieren. Die wesentliche Voraussetzung für die räumliche Erschließung der neuen Provinz waren funktionstüchtige Straßen und Brücken, an denen Siedlungen, Militärposten oder Herbergen entstanden. Keramik, Schmuck, Münzen, Architekturteile und Ziegelreste bezeugen ein blühendes wirtschaftliches und kulturelles Leben in Stadt und Land. Cambodunum (Kempten) und Augusta Vindelicum (Augsburg) entwickelten sich zu zentralen Orten. Das Bild der Kulturlandschaft bestimmten Einzelhöfe inmitten von Wiesen und Feldern. Mit dem Anbau von Getreide, Obst und Gemüse und einer hochstehenden Viehzucht versorgte man das Militär und die Zivilbevölkerung. Die intensive Bodennutzung erleichterten solide Eisengeräte wie Pflug oder Sense.

Landesausbau im Mittelalter

Das Erbe der Römer traten die Alemannen an. Sie legten ihre Siedlungen bevorzugt in der Nachbarschaft römischer Straßen und inmitten des römischen Kulturlandes an. Sie bestanden aus einfachen Holzbauten für Wohnzwecke und Viehhaltung. Archäologische Quellen für den räumlichen und zeitlichen Ablauf sind vor allem die Funde aus den Reihengräberfriedhöfen. Die häufige Lage der Reihengräber in der Nähe von Ortschaften mit den Namensendungen „-heim" und „-ingen" kennzeichnen diese als älteste Siedlungsschichten des schwäbischen Raumes.

Ausgehend vom Ries stießen die Alemannen nach 400 entlang von Lech, Wertach, Mindel und Iller nach Süden vor und erreichten in der 2. Hälfte des 6. Jahrhunderts den Alpenrand. Mit zunehmender Bevölkerung erschloss man im 7. und 8. Jahrhundert auch die Nebentäler und die Waldgebiete. Orte mit Namensendungen auf „-hausen", „-hofen", „-dorf" oder „-bach" ergänzten das frühmittelalterliche Siedlungsmuster. Inzwischen hatte sich das Christentum im Land zwischen Alpen und Ries ausgebreitet. Die Anlage von Kirchen inmitten heidnischer Reihengräberfriedhöfe spricht für einen allmählichen Übergang. Eine wesentliche Rolle für die Christianisierung spielten die Missionszellen der Benediktiner am Alpenrand (Füssen, Kempten) und die Mönchsniederlassungen im Lechtal (Augsburg, Thierhaupten).

Ehemalige Römerstraße im Ries zwischen dem Kastell Losodica bei Munningen und dem Limeskastell Ruffenhofen in Mittelfranken

Goldblattkreuz aus einem alemannischen Grab in Mindelheim, 8. Jahrhundert

Die territoialstaatliche Entwicklung bis 1800

Auf den Säulen des Königtums, des Adels und der Kirche ruhte seit dem 8. Jahrhundert das herrschaftliche Ordnungssystem. Reichs- und Königshöfe bildeten jetzt wichtige Mittelpunkte der Verwaltung und der Wirtschaft. Zahlreiche schwäbische Städte verdanken ihre Entstehung einem königlichen Stützpunkt (Günzburg, Memmingen, Mindelheim).

Die Italienpolitik der deutschen Könige rückte Schwaben seit dem 10. Jahrhundert stärker in den Mittelpunkt der Ereignisse. Als das schwäbische Herrschergeschlecht der Staufer zur Königs- und Kaiserwürde aufstieg, bauten sie inmitten ihrer Besitzungen vielerorts Burgen (Harburg, Höchstädt, Schwangau), gründeten befestigte Städte (Donauwörth, Lindau, Lauingen) und förderten mit Privilegien Handel und Gewerbe (Augsburg, Kaufbeuren, Nördlingen).

Nach dem Untergang der Staufer setzte ein Ringen auswärtiger Mächte um die Vorherrschaft im Gebiet zwischen Iller und Lech ein. Es kristallisierten sich selbstständige Territorien mit unterschiedlichen, zum Teil gegensätzlichen Entwicklungen heraus. Unmittelbar standen sich die Interessen der österreichischen Habsburger in Mittelschwaben und der Wittelsbacher mit dem staufischen Erbe an der Donau gegenüber. Zum größten Territorialstaat stieg das Hochstift Augsburg auf, das Herrschaftsgebiet der Bischöfe, das sich teils zusammenhängend, teils aufgesplittert von der obersten Iller und vom Lechtal bei Füssen bis in die Schwäbische Alb und in das Ries erstreckte. Viele Klöster entwickelten sich zu selbstständigen, reichsfreien Abteien und geistlichen Fürstentümern (Augsburg St. Ulrich und Afra, Kempten, Ottobeuren, Elchingen, Irsee, Kaisheim, Roggenburg, Ursberg, Wettenhausen). Unter den weltlichen Herren ragten die Grafen von Oettingen an Besitzungen und Unternehmungsgeist im Ries hervor. Im oberen Allgäu bauten die Grafen von Montfort die Reichsgrafschaft Rothenfels aus. Im mittelschwäbischen Raum gelang der Handelsfamilie Fugger im Laufe des 16. Jahrhundets der Aufbau eines umfänglichen Landbesitzes und der Aufstieg zur Adelsschicht. Politisches Gewicht erlangten vor allem die Reichsstädte, die mit königlichen Privilegien (Markt-, Münz- und Zollrechte) und auf der Grundlage einer blühenden Wirtschaft auch ein reges kulturelles Leben und künstlerisches Schaffen entfalteten. Lagebeziehungen und Verkehr spielten eine entscheidende Rolle für die Entwicklung. Neben Augsburg erreichten auch Donauwörth, Kaufbeuren, Kempten, Lindau, Memmingen und Nördlingen den Rang von freien Reichsstädten. Die ungewöhnliche Städtedichte an der Donau erklärt sich aus der Verkehrsbedeutung dieser topographischen Leitlinie. Verschiedene Herrschaftsträger wollten teilhaben an den Vorteilen für Handel und Wandel.

Kleine und kleinste staatliche Gebilde waren die zahlreichen Reichsritterschaften, die unter königlichem Schutz auf ihren Burgen und Schlössern residierten und durch den Zusammenschluss in Ritterbünden lange Zeit den Ausdehnungsgelüsten der größeren Nachbarn widerstanden. Die adeligen Territorialherren waren in Mittelschwaben und im Allgäu besonders zahlreich vertreten. In dem Bemühen, die vielfältigen politischen Kräfte zusammenzufassen, richtete Kaiser Maximilian I. 1512 im Römischen Reich Deutscher Nation Kreise mit gewissen ständischen Selbstverwaltungen ein.

Wettenhausen, Pfarrkirche. Romanische Bauteile aus Nagelfluhgestein im Kreuzgang des ehem. Augustinerchorherrenstiftes, um 1150
Rechts: Ruine der Burg Steinhart bei Oettingen im Ries, im 12. Jahrhundert als Herrschaftssitz erbaut und im Dreißigjährigen Krieg zerstört

Oben: Augsburg, Blick über den historischen Stadtkern von der Maximilianstraße über Rathaus, Perlachturm bis zum Dom
Oben rechts: Kempten, Rathausfassade mit Doppeladler als Symbol der Reichsfreiheit (16. Jh.) und Familienwappen (18. Jh.)
Mitte rechts: Memmingen, ehemaliges Steuerhaus am Marktplatz, Arkaden im Erdgeschoss (15. Jh.), Fassadenmalerei (20. Jh.)
Unten: Mindelheim, Türme markieren wichtige Stationen der Stadtgeschichte, (von rechts) Pfarrkirche St. Stephan, unteres Stadttor mit Giebel der Jesuitenkirche, Kirche St. Silvester

Augsburg, katholische und evangelische Heilig-Kreuz-Kirchen. Das Nebeneinander der ehemaligen katholischen Klosterkirche (links) und der evangelischen Pfarrkirche (rechts) dokumentiert die konfessionelle Parität Schwabens im 16. Jahrhundert. Heute ist die Nachbarschaft ein Beispiel für das ökumenische Miteinander in der Reformationsstadt Augsburg.

Die Bemühungen um die Zusammenfassung der zersplitterten politischen Kräfte wurden tiefgreifend von den religiösen Spannungen des 16. Jahrhunderts betroffen. Die Unzufriedenheit der mit Leistungen und Abgaben überforderten Bauern entzündete sich 1525 in einem Aufstand, der sich schnell zwischen Iller und Lech ausbreitete. Die Gedanken der Reformation fielen vornehmlich in Reichsstädten auf fruchtbaren Boden. Augsburg, Kaufbeuren, Kempten, Lindau, Memmingen, Nördlingen schlossen sich bald der Lehre Luthers an, die er 1517 mit dem Anschlag der Thesen begründet und 1521 vor dem Reichstag bestätigt hat.

Augsburg wurde Schauplatz entscheidender Ereignisse des Reformationszeitalters (1530 Confessio Augustana, 1555 Augsburger Religionsfrieden). Mit dem Recht der Reichsstände, die Religion der Untertanen zu bestimmen, drang in manchen Gegenden Schwabens in Abhängigkeit von der politischen Aufsplitterung auch die bekenntnismäßige Teilung in Städte und Dörfer vor. So grenzten in Kempten eine katholische Stiftsstadt und eine evangelische Reichsstadt unmittelbar aneinander. In Lindau standen sich die protestantischen Bürger der Reichsstadt und die Katholiken des Reichsstifts gegenüber. In manchen Städten und Dörfern verlief die konfessionelle Trennungslinie entlang der Straßen, beispielsweise in Oettingen und in vielen Dörfern des Rieses. Abgesehen von den Erschwernissen des Zusammenlebens führten die konfessionellen Spannungen zu Kriegen, Truppendurchzügen und Plünderungen mit verheerenden Folgen für die Bevölkerung und Auswirkungen auf die Kulturlandschaft.

In den 150 Jahren zwischen dem Ende des Dreißigjährigen Krieges und der Auflösung der alten Reichsordnung verfestigten sich die absolutistische Regierungsform und die territoriale Zersplitterung. Am Ende des alten Reiches bestand das Bild des schwäbischen Hoheitsgebiets aus einem bunten „Flecklesteppich“ aus 165 Einzelgewalten. Durch Säkularisation und Mediatisierung kamen 1803 bis 1806 die geistlichen Gebiete, die Reichsstädte und die Adelsherrschaften an das 1806 zum Königreich erhobene Bayern. Die schwäbischen Landesteile bildeten eine bayerische „Provinz Schwaben“, die unter dem geschichtsbewussten König Ludwig I. 1837 in Kreis „Schwaben und Neuburg“ umbenannt wurde.

Schwaben im bayerischen Staat – Agrarland und neue gewerbliche Strukturen

In der Zwischenzeit hatten tiefgreifende politische, soziale und wirtschaftliche Veränderungen das ganze Gebiet Bayerns erfasst. Neben den rechtlichen und gesellschaftlichen Reformen wirkten sich im Laufe des 19. Jahrhunderts die Neuerungen in Wissenschaft und Technik erheblich auf die Landwirtschaft und das Erscheinungsbild der Kulturlandschaft aus. Die verbesserte Dreifelderwirtschaft mit der Bebauung des Brachfeldes setzte sich überall durch. Neue Futterpflanzen verhalfen zu höheren Milch- und Fleischerträgen. Verbesserte Geräte und neue Maschinen kamen nach und nach zum Einsatz. Ein starker Anstoß zur Intensivierung der Landwirtschaft war die Zunahme der Bevölkerung.

Den Transport der Produkte übernahm nach 1840 die Eisenbahn. Auf die Eröffnung der Linie München-Augsburg folgten die Anschlüsse nach Donauwörth, Kempten, Lindau und Ulm. Die technischen Verbesserungen erleichterten vielfach die Arbeit, steigerten die Tagesleistung und veränderten den bäuerlichen Lebens- und Arbeitsrhythmus. Leben und Arbeiten auf dem Dorf wurde durch die Entwicklung der Industrie in den Städten beeinflusst. Dort fanden Hilfskräfte oder Taglöhner Arbeitsplätze, sie wanderten nach und nach in die umliegenden Städte ab.

Einen wichtigen Faktor bildete der Aufstieg der Allgäuer Milchwirtschaft, die in Anlehnung an ausländische Vorbilder die Milch in gemeinsam belieferten Molkereien zu lagerfähigen Käsesorten verarbeitete.

Eine erhebliche Steigerung erzielte man seit 1850 durch die Umstellung auf die Gras- und Weidewirtschaft, die mit einer Vergrünlandung der Landschaft verbunden war.

Eine rege Neu- und Umbautätigkeit kam auf dem Land in Gang. Häuser in der traditionellen Holz- oder Fachwerkbauweise wurden ganz oder teilweise durch Massivbauten ersetzt. Ebenso verdrängten Dachziegel das herkömmliche Holz oder Stroh als Dachdeckungsmaterial. Für den vermehrten Viehbestand war auch eine Vergrößerung der Stall- und Scheunengebäude notwendig. Seitdem sind die rechtwinklig angebauten Bergeräume bei den Bauernhöfen des Allgäus die Regel. Als neue Bauten kamen in den Dörfern das Rathaus und das Schulhaus hinzu. Sie bildeten mit der Kirche und dem historischen Pfarrhaus den räumlichen und öffentlichen Mittelpunkt.

Den wirtschaftlichen Aufschwung der Industrie stoppten die Auswirkungen des Ersten Weltkriegs und die nachfolgenden Krisenzeiten. 1919 begann mit der Ausrufung des Freistaates Bayern eine neue Epoche. Nach 1920 schlossen sich immer mehr Wähler den radikalen Parteien, vor allem der Nationalsozialistischen Deutschen Arbeiterpartei (NSDAP) an, die ihren Machtanspruch nach und nach massiv und gewaltsam durchsetzte. Die Vernichtungskampagne gegenüber den Juden und der von den Nationalsozialisten entfesselte Zweite Weltkrieg wirkten sich verheerend auf Land und Leute aus. Luftangriffe zerstörten zahlreiche Innenstädte und Wirtschaftsstandorte, beispielsweise in Augsburg, Donauwörth und Memmingen.

Käseproduktion entwickelte sich im 20. Jahrhundert zum Schwerpunkt der Allgäuer Landwirtschaft mit Auswirkungen auf die Kulturlandschaft.

Das Dieselross löste die Zugtiere ab. Werbeplakat für die Mechanisierung der Landwirtschaft um 1950.

Tiefgreifende Veränderungen ergaben sich nach dem Kriegsende mit dem massenhaften Zustrom und der Eingliederung der Flüchtlinge und der Heimatvertriebenen. Dazu kam nach 1955 die Einwanderung von Gastarbeitern, die zum Wachstum des Gewerbes und zur Ausweitung der Wohngebiete beitrugen.
Die fortschreitende Mechanisierung der Landwirtschaft wirkte sich im Laufe des 20. Jh.s massiv auf die Gestaltung der Kulturlandschaft aus. Mit den Maßnahmen der Flurbereinigung wurden die kleinteiligen Besitzparzellen durch große Flurblöcke zusammengefasst und durch Wege erschlossen. Der technische Fortschritt formte das Dorf und seine Wirtschaftsflächen. Damit verbunden war häufig der Verlust von ökologisch wertvollen Flächen wie Blühwiesen, Feldgehölzen, Hecken oder Feuchtgebieten. Auch landschaftstypische Merkmale wie Ackerterrassen oder Hohlwege sind der Technisierung oft zum Opfer gefallen. Der Strukturwandel und die neuen Bevölkerungsgruppen auf dem Dorf haben es mit sich gebracht, dass an die Stelle der alten Bauernhäuser städtisch orientierte Neubauten getreten sind. Zahlreiche Höfe wurden auf die Fluren verlagert, Freiflächen zwischen den Höfen wurden durch Wohnhäuser und Gewerbebauten aufgefüllt. Die alten Obstgärten und die bunten Bauerngärten sind häufig verschwunden. Für den Durchgangsverkehr sind die Hauptstraßen ausgebaut und die Nebenstraßen erneuert worden. An der Tatsache, dass es in manchen Dörfern inzwischen nur noch zwei oder drei landwirtschaftliche Betriebe im Haupterwerb gibt, kann man sich den Wandel im Dorfbild vorstellen. In dieser Situation kommen den politischen Gremien, den zuständigen Behörden und den Vereinen für Naturschutz und Landschaftspflege besondere Aufgaben zu. Der Schutz der natürlichen Grundlagen und der rücksichtsvolle Umgang mit den Zeugnissen der Geschichte ist die Voraussetzung für die Erhaltung der bedeutsamen Kulturlandschaften.

Die Siedlungsformen vom Haufendorf über den Weiler bis zum Einzelhof haben sich in den letzten Jahrzehnten erheblich verändert. Reinhartshausen (links oben), Hellersberg (rechts oben) und Einzelhöfe bei Grimoldsried, alle im Naturpark Augsburg-Westliche Wälder

Die sozioökonomischen Veränderungen und die Mobilität haben sich ebenso auf die Gestalt und die Struktur der Städte ausgewirkt. Neubaugebiete sind rund um die historischen Stadtkerne entstanden, Einkaufs- und Dienstleistungseinrichtungen sind aus den Stadtzentren teilweise abgewandert. Mit dem Verlust der Funktionen sind auch die historischen Werte der Städte wie Bau- und Kunstdenkmäler oder historisch geprägte Grundrisse in Gefahr. Mithilfe der Städtebauförderung und des Denkmalschutzgesetzes war und ist es möglich, Einzelgebäude zu sanieren und das Wohnumfeld zu verbessern. Eine sinnvolle Verkehrswende und mehr Klimaschutz sind wichtige Voraussetzungen. Dies muss auch für die ländlichen Siedlungen und die historisch geprägten Kulturlandschaften gelten.

Besitzverhältnisse und Nutzungsansprüche, Konfession und Sozialstruktur, Bauweise und Bodenpreise haben bei der Gestaltung und Entwicklung der Kulturlandschaft zusammengewirkt. Diese sind in zahlreichen Einzelelementen und in historischen Strukturen sichtbar und ablesbar. In unserer Zeit des massiven Umbruchs kommt es wesentlich darauf an, dieses Erbe in Stadt und Land zu erkennen und bei der zukünftigen Entwicklung zu berücksichtigen. Jede Planung muss auf die in vielen Schritten gewachsene Eigenart und Besonderheit der Kulturlandschaft Rücksicht nehmen. Dem technischen Fortschritt und den maximalen Nutzungsansprüchen dürfen nicht die ökologischen Grundlagen, die landschaftlichen Schönheiten, die historischen Sehenswürdigkeiten geopfert werden.

Augsburg, Stadtentwicklung im 19. und 20. Jh.: Der Eisenbahnanschluss seit 1840 bewirkte zahlreiche Industriegründungen und den Aufstieg Augsburgs zur Großstadt. Zahlreiche Wohn- und Gewerbeviertel entstanden rund um den historischen Stadtkern. Der 1972 eröffnete Hotelturm ist mit 113 m das höchste Bauwerk und ein weithin sichtbares Wahrzeichen der Stadtentwicklung.

Bedeutsame Kulturlandschaften im Spannungsfeld zwischen Erhaltung und Veränderung

Hans Frei

„Kulturlandschaften sind neben den Bibliotheken und Museen die wichtigsten Speicher der geistigen Leistungen und Errungenschaften der Menschheit." (Josef Schmithüsen, 1968)

Diese anspruchsvolle Aussage der Kulturgeographie betont den Wert und die Bedeutung der Kulturlandschaften als historisch geprägte Gebilde, in denen die Lebensformen und Nutzungsansprüche der Menschen vergangener Zeiten bis in die Gegenwart in vielfältiger Weise dokumentiert sind. Die Vielfalt der Kulturlandschaften ist ein Ergebnis der unterschiedlichen naturräumlichen Gegebenheiten (Relief, Gewässer, Klima, Böden) und des Wirkens der Menschen über lange Zeiträume. Dabei spielten Herrschaftsstrukturen, Besitzverhältnisse, Konfession, Wirtschaftskraft und Arbeitstechniken als Faktoren der Gestaltung eine wichtige Rolle. Mit Recht nennt der Geograph Moritz Schwind jede Kulturlandschaft eine „Komposition aus Natur und Objektivationen des Geistes".

Prägende Elemente sind archäologische Hinterlassenschaften, wie Grabhügel, Wallanlagen, Mauerreste, und kulturhistorische Zeugnisse, wie charakteristische Haus- und Dorfformen, markante Altstadtkerne, Burgen und Schlösser, Klöster, Kirchen und Kapellen, die aus verschiedenen Zeiten stammen und häufig in Wechselbeziehung nebeneinander vorkommen. Über ihre Zeugnisfunktion für den Werdegang einer Kulturlandschaft hinaus besitzen sie in Form von Ackerterrassen,

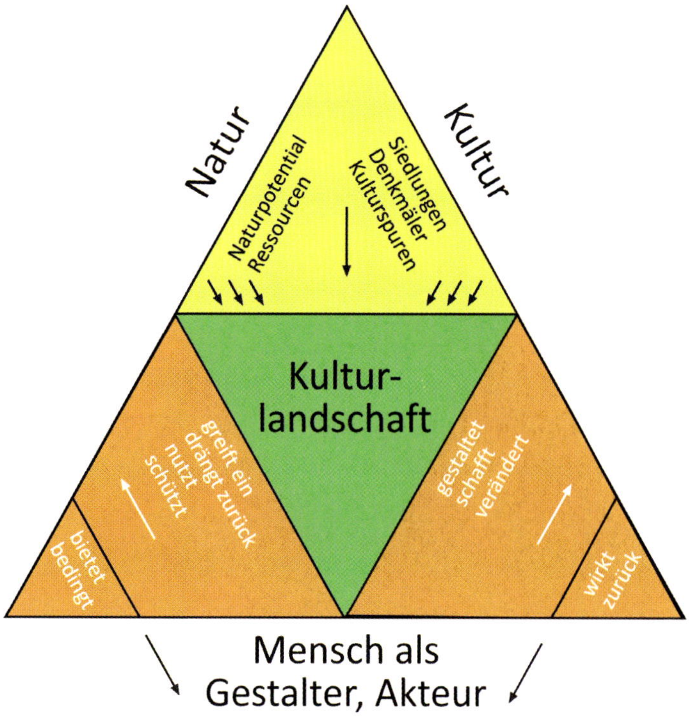

Kulturlandschaft im Beziehungsgefüge Mensch - Natur - Kultur

Baumgruppen oder Hohlwegen auch ökologische Qualitäten als Lebensräume von Tieren und Pflanzen.

Tiefgreifende Veränderungen haben sich in den letzten Jahrzehnten in allen Kulturlandschaften vollzogen. Ausgehend von der Technisierung und Rationalisierung der Landwirtschaft, der Industrialisierung und der Entwicklung des Verkehrs haben sich die Bauweise, die Siedlungsformen und die Lebensgewohnheiten in Städten und Dörfern grundlegend gewandelt. Damit verbunden waren großflächige massive Eingriffe in Natur und Landschaft sowie in das Erscheinungsbild und die Struktur der Siedlungen. Mit dem Landschaftswandel ging häufig die unverwechselbare Eigenart der Kulturlandschaften Stück für Stück verloren.

Über die natürlichen und historischen Einzelelemente hinaus haben es die Kulturlandschaften schwer, als schutzwürdig anerkannt zu werden. Die rechtliche Schutzfähigkeit stellt sich als Mosaik miteinander verzahnter Rechtsvorschriften dar, deren Wirksamkeit sehr unterschiedlich ist. Das traditionelle Instrument im bayerischen Naturschutzgesetz ist die Unterschutzstellung als Landschaftsschutzgebiete.

Sie bilden die umfangreichste Gebietskategorie, für deren Ausweisung die Leistungsfähigkeit des Naturhaushalts, die Vielfalt und Schönheit des Landschaftsbildes, der Erholungswert der Landschaft eine wichtige Rolle spielen. Großräumige Schutzgebiete können die Naturparke sein. So sind innerhalb des Naturparks „Augsburg-Westliche Wälder" sämtliche Waldungen, Weiher und Verlandungszonen als Landschaftsschutzgebiete ausgewiesen. In dem grenzüberschreitenden Naturpark „Nagelfluhkette" bildet neben dem schützenswerten Naturraum die gewachsene Kulturlandschaft einen wichtigen Faktor.

Ein entscheidendes Mittel für eine effektive Kulturlandschaftspflege ist die Landschaftsplanung, die als Querschnittsaufgabe verschiedenen Verwaltungsebenen zugeordnet ist. Der Schutzstatus ermöglicht es, Eingriffe in das Landschaftsbild und den Naturhaushalt abzuwehren und bestimmte Bewirtschaftungsformen zu unterstützen, die zur Erhaltung der Kulturlandschaft beitragen können. Vielerorts gibt es dafür Förderprogramme.

Die Schutzkategorie „Historische Kulturlandschaft" ist im Bayerischen Naturschutzgesetz Art. 1 verankert mit dem Ziel, „... die Vielfalt, Eigenart und Schönheit sowie den Erholungswert von Natur und Landschaft zu erhalten."

Im Bundesnaturschutzgesetz lautet der Grundsatz: „Jeder soll nach seinen Möglichkeiten zur Verwirklichung der Ziele des Naturschutzes und der Landschaftspflege beitragen und sich so verhalten, dass Natur und Landschaft nicht mehr als nach den Umständen unvermeidbar beeinträchtigt werden" (§ 2 Abs. 1).

Bayerisches Naturschutzgesetz (BayNatSchG)
Art. 1 (Ziele des Naturschutzes und der Landschaftspflege):

1. die Leistungs- und Funktionsfähigkeit des Naturhaushalts
2. die Regenerationsfähigkeit und die nachhaltige Nutzungsfähigkeit der Naturgüter
3. die Tier- und Pflanzenwelt einschließlich ihrer Lebensstätten und Lebensräume sowie
4. **die Vielfalt, Eigenart und Schönheit sowie der Erholungswert von Natur und Landschaft**

Bundesnaturschutzgesetz (BNatSchG)
§ 2, Abs. 1 (Grundsätze des Naturschutzes und der Landschaftspflege):

Nr. 13. **„Die Landschaft ist in ihrer Vielfalt, Eigenart und Schönheit auch wegen ihrer Bedeutung als Erlebnis- und Erholungsraum des Menschen zu sichern ..."**

Bayerisches Denkmalschutzgesetz

Art. 1 (1–4) definiert die Objekte, deren Erhaltung im Interesse der Allgemeinheit liegt. Die Bandbreite reicht vom Bildstock über Bauern- und Bürgerhäuser bis zu Schlössern und Klosteranlagen und kann als Ensemble eine ganze Altstadt umfassen. Als historische Elemente kommt ihnen in der jeweiligen Kulturlandschaft eine besondere Bedeutung zu.

Integration der Landschaftsplanung in die Raumplanung

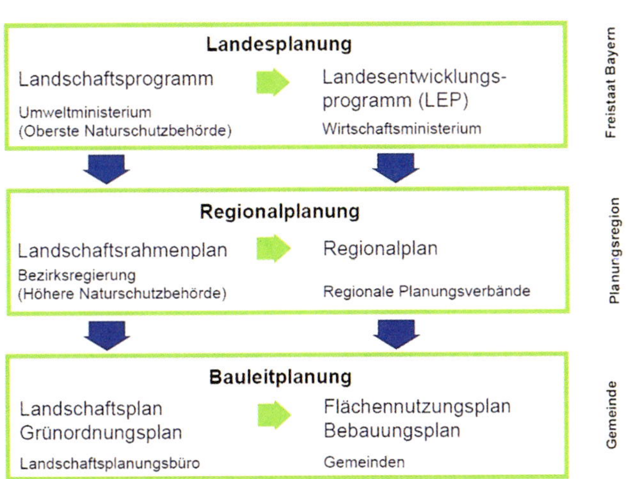

Quelle Bayerisches Landesamt für Umwelt, 2009

Die Erhaltung und rücksichtsvolle Weiterentwicklung der Kulturlandschaft ist eine gemeinsame Aufgabe der Raumordnung, der Landes- und Regionalplanung, des Naturschutzes, der Denkmalpflege und der Heimatpflege.

Eine wichtige Informationsgrundlage für alle Maßnahmen ist die flächendeckende Erfassung der prägenden Kulturlandschaftselemente. Zur Betrachtung und Bewertung werden diese in verschiedene Funktionsbereiche, wie Siedlung, Landwirtschaft, Gewerbe, Verkehr, Religion, Freizeit, Militär, gegliedert und inventarisiert. Die Ergebnisse gehen auf Raumebene in die Planungsvorhaben wie Landschafts- oder Bauleitplanung ein (siehe Beitrag Markus Hilpert in diesem Buch).

Kulturlandschaften, die ihre Eigenart im landesweiten Maßstab und in besonderer Weise erhalten haben, werden als bedeutsame Kulturlandschaften definiert. Dabei handelt es sich um *„Ausschnitte der aktuellen Kulturlandschaft, die in ihrer Gestalt maßgeblich von historischen und traditionellen Prägungen bestimmt werden. Sie umfassen ein räumlich-funktionales Gefüge von historischen Kulturlandschaftselementen, durch das ein über den einzelnen Funktionsbereich hinausgehender landschaftlicher Kontext erkennbar wird. Die bedeutsamen Kulturlandschaften haben auf diese Weise eine im landesweiten Maßstab außergewöhnliche Eigenart bewahrt."*

Im Rahmen eines anwendungsorientierten Projektes hat das Bayerische Landesamt für Umwelt in Verbindung mit der TU München bayernweit 112 Räume als bedeutsame Kulturlandschaften ausgewiesen, in Kurzbeschreibungen erläutert und auf Übersichtskarten räumlich dargestellt. Bei der Auswahl spielten die Wirkungszusammenhänge zwischen den naturräumlichen Faktoren und der kulturellen Ausgestaltung eine wichtige Rolle.
Schwaben zeichnet sich aufgrund seiner naturräumlichen Gegebenheiten und seiner historischen Entwicklung durch eine große Vielfalt an gewachsenen Kulturlandschaften aus. 18 typische Beispiele werden in diesem Buch vorgestellt, auf topographischen Karten räumlich erläutert, mit Beschreibungen und mit aussagekräftigen Bildern dokumentiert.
Aufgabe und Ziel des Projektes und der Darstellung der Kulturlandschaften in diesem Buch ist es, die breite Öffentlichkeit über den Stellenwert der Kulturlandschaft zu informieren und die verantwortlichen Fachbehörden für eine Berücksichtigung in den Planungsstufen zu motivieren. Die lebensnahe Erfahrung, dass man nur schätzt und schützt, was man kennt, spielt dabei eine wichtige Rolle. Jede Planung vom Straßenbau bis zum Gewerbegebiet, von der Dorferneuerung bis zur Stadtsanierung muss Rücksicht nehmen auf den Bestand und die Besonderheiten unserer Kulturlandschaften. Deren Bedeutung als Identitätsfaktoren für die Heimat und ihre Funktion als Reiseziele im Tourismus bilden dabei zusätzliche Argumente.

Kartierung der historischen Kulturlandschaft
Methoden der Inventarisierung und Dokumentation

Markus Hilpert

Vielfalt historischer Kulturlandschaftselemente

Unsere heutige Landschaft ist das Ergebnis eines langen Prozesses der Umgestaltung von Natur- in Kulturräume durch den Menschen. Wie wir solche Kulturlandschaften wahrnehmen und deuten, hängt ganz entscheidend von unserem Wissen über deren Einzelelemente ab, die von uns mental zu einer Synthese der Kulturlandschaft zusammengesetzt werden können (Kühne & Bruns 2015). Kulturlandschaft ist also die Summe und Interpretation ihrer Einzelelemente.
Als historisch werden Kulturlandschaftselemente dann bezeichnet, wenn sie oder deren Reste ihre ursprüngliche Funktion verloren haben oder bei heutiger Landnutzung in dieser Form nicht mehr entstehen würden. Für derart persistente Relikte ist folglich nicht das Alter ein sinnvolles Kriterium, sondern der Verlust ihrer ursprünglichen Nutzung. Daher können im Grunde auch recht junge Objekte, wie etwa ein Bombentrichter oder eine Eisenbahntrasse, historische Kulturlandschaftselemente sein.

Bei der kartographischen Inventarisierung kann man solche Landmarken nach verschiedenen Formen und Funktionen klassifizieren (vgl. Tab. 1).

Tabelle 1 *Beispiele historischer Kulturlandschaftselemente*

Funktion	Punkthaft	Linienhaft	Flächenhaft
Siedlung	*Brunnenfassungen, Gebäude*	*Reihensiedlungen, Zäune*	*Anger, Wüstungen*
Landwirtschaft	*Hutebäume, Fischteiche, Kopfweiden*	*Lesesteinreihen, Korbweidenkulturen*	*Wölbäcker, Ackerterrassen*
Verkehr	*Meilensteine, Furten, Brücken*	*Hohlwege, Altstraßen, Bahnstrecken*	*Flugplätze, Altwegefächer*
Gewerbe	*Mühlen, Ziegeleien*	*Mühlgräben*	*Torfstiche, Pingen, Materialgruben*
Gemeinschaftsleben: Religion, Staat, Militär	*Kapellen, Wegkreuze, Grenzsteine*	*Schützengräben, Pilgerwege*	*Verteidigungsanlagen, Friedhöfe*
Freizeit, Erholung	*Tanzplätze, Aussichtspunkte*	*Alleen, Wanderwege*	*Badeweiher, Parkanlagen*
Assoziative Kulturlandschaft	*Kultplätze, Einzelbäume*	*Sichtbezüge/-achsen, Reiserouten*	*Schlachtfelder, Wirkstätten von Heiligen*

Quelle: verändert nach Klinkhammer (2000)

Unsere Vorfahren haben vielfältige Spuren in unserer Landschaft hinterlassen. Augenscheinlich nehmen wir vor allem groß(flächig)e Eingriffe der Landwirtschaft (z. B. Terrassierungen) oder des Gewerbes (z. B. Steinbrüche) wahr, aber auch massive Bauwerke (z. B. Bunker) oder lineare Verkehrswege (z. B. Hohlwege), die uns aus früheren Epochen erhalten sind. Es gibt aber auch historische Kulturlandschaftselemente, die erst mit dem dafür nötigen Fachwissen erkennbar sind, wie beispielsweise Wölbäcker oder Trichtergruben. Und schließlich ist Kulturlandschaft fallweise auch aufgeladen mit Symbolik, die zwar raumprägend, aber nicht physisch existent und damit auch nicht sichtbar ist – wenn beispielsweise an einem Ort (angeblich) ein historisches Ereignis stattgefunden hat, von dem heute allerdings keine sichtbaren Spuren mehr erhalten sind. Dann spricht man von assoziativer Kulturlandschaft.

Historische Kulturlandschaftselemente, wie etwa alte Mühlen, ehemalige Materialgruben oder Grenzsteine, sind nur teilweise durch Natur- oder Denkmalschutz geschützt. Der Naturschutz konzentriert sich auf den Erhalt und die Wiederherstellung von naturbelassenen Gebieten, demzufolge gelten Relikte menschlichen Handelns nur selten als schützenswert.

Die Hauptaufgabe des Denkmalschutzes ist indes die Erfassung und Sicherung von Bau- und Bodendenkmälern. Darunter fallen zwar einige Kulturlandschaftselemente, allerdings gehören zur Kulturlandschaft auch eine Vielzahl an Elementen (z.B. Streuobstwiesen, Ackerterrassen), die nicht vom Denkmalschutz registriert werden.

Aus der fehlenden Schutzwürdigkeit zahlreicher Kulturlandschaftselemente resultiert ein begrenztes Interesse der Raumplaner an Kartierungen und Inventarisierungen in der Kulturlandschaft. Wenngleich gerade historische Kulturlandschaftselemente vereinzelt in der fach- und regionalwissenschaftlichen Literatur bereits beschrieben und meist auch den Bewohnern der entsprechenden Gebiete bekannt sind, wurden erst in jüngster Vergangenheit systematische und ganzheitliche Kartierungen historischer Kulturlandschaftselemente für einzelne Regionen durchgeführt, zum Beispiel Oberfranken und Oberpfalz.

Ein Beispiel: Der Landkreis Augsburg

Im Rahmen des Projektes „Erfassung, Dokumentation und Präsentation von Elementen der historischen Kulturlandschaft im Landkreis Augsburg" wurde zwischen 2018 und 2020 der Versuch einer vollständigen Inventarisierung anthropogener Artefakte in der Landschaft unternommen. Das dreijährige Projekt kartierte alle vom Menschen hinterlassenen und sichtbaren Elemente, die bislang noch nicht vom Natur- oder Denkmalschutz erfasst worden sind. Methodisch wurden dazu unterschiedliche empirische Verfahren seriell angewendet:

Zu Beginn der Inventarisierung wurde das relevante Schrifttum gesichtet. Dabei wurden fast 70 Werke zum Landkreis Augsburg (Regionalliteratur, Heimatbücher, Ortschroniken, Wanderführer etc.) ausgewertet. So konnten bereits 109 historische Kulturlandschaftselemente katalogisiert werden. Allerdings wurden viele Ortschroniken und Wanderführer von engagierten Laien verfasst, daher sind Fehldeutungen nicht ausgeschlossen. Ebenso sind einige der in der Literatur erwähnten Kulturlandschaftselemente bereits unter Denkmal- oder Naturschutz gestellt, dementsprechend ist die Zahl der relevanten Elemente (109) aus der Literatur im Vergleich zu anderen Erfassungsmethoden relativ niedrig.

Auch ist die Aktualität der Werke nicht immer gegeben, sodass einige beschriebene Kulturlandschaftselemente mittlerweile verschwunden sind. Daher mussten die gesammelten Informationen aus diesen Quellen sorgsam vor Ort überprüft werden.

In einem zweiten Schritt wurden Karten und Luftbilder ausgewertet. Diese Medien enthalten in der Regel zwar keine weitergehenden Informationen zu auffälligen Landmarken, erlauben aber eine relativ genaue Lagebestimmung im Raum. Während Altkarten (z.B. die Urpositionsblätter) für die Inventarisierung der heutigen Kulturlandschaft kaum geeignet sind, erweisen sich Satellitenbilder als hilfreich für eine erste Prüfung, ob topographische Landmarken (z.B. Ackerterrassen) noch heute im Landschaftsbild sichtbar sind. Mit Hilfe von Airborne-Laserscans (ALS) kann sogar in Wäldern die Mikrotopographie sichtbar gemacht werden.

Besondere Elemente der historischen Kulturlandschaft mit den verschiedenen Funktionsbereichen der Tabelle 1. Sie sind als Symbole auf der Karte des Landkreises Augsburg eingetragen.

Solche Aufnahmen entstehen, indem ein Laserscanner, an einem Flugzeug oder Helikopter montiert, das zu vermessende Gebiet überfliegt. Dabei sendet der Scanner einen Laserstrahl aus, der von den Oberflächen, auf die er trifft, reflektiert wird. Sensoren messen so die Entfernung zwischen Scanner und Objekt. Anhand der Intensität der reflektierten Strahlen kann dabei sogar in bewaldeten Gebieten zwischen den Reflexionen der Baumkronen und des Bodens unterschieden werden. Dieser Vorteil wird nicht nur zur Erstellung von Geländemodellen, sondern auch bei der Identifikation von kleineren topographischen Elementen genutzt. Zur Darstellung der Bodenoberfläche werden die Messpunkte der Baumkronen herausgerechnet. Die dabei generierten Ergebnisse der Bayerischen Vermessungsverwaltung sind leicht interpretierbar.

Ein dritter und wohl der wichtigste Baustein der Methodik war die Bürgerbeteiligung, weil viele Informationen über historische Relikte im Wissen der Bürgerinnen und Bürger gespeichert sind. Deshalb wurden interessierte Personen persönlich und über die lokalen Medien zu sechs Abendveranstaltungen in Gasthäusern des Landkreises eingeladen. Fast 250 Teilnehmer kamen zu diesen Terminen und lieferten wichtige Informationen und Hinweise auf bisher nicht erfasste Kulturlandschaftselemente, wie Eiskeller, Bunkeranlagen oder Furten. Eine zuvor erstellte Liste mit möglichen Kulturlandschaftselementen erleichterte die Gespräche mit den Bürgerinnen und Bürgern. Insgesamt wurden bei sechs Veranstaltungen 241 Kulturspuren katalogisiert und in bereitgestellten Karten verortet. Fallweise wurden sogar neben den mündlichen Informationen auch Baupläne, historische Fotografien oder Schrifttum eingebracht. Flankiert wurden die Partizipationsveranstaltungen von einer E-Mail- und einer Telefon-Hotline, um Interessierte, die keinen Termin wahrnehmen konnten, ebenfalls an dem Projekt zu beteiligen.

Eine intensive Presse- und Medienarbeit in der Region unterstützte das Projekt und machte auf alle Beteiligungsformate aufmerksam. Um die Ergebnisse der Bürgerbeteiligung zu verifizieren und zu ergänzen, folgten in einem vierten Schritt über 30 Interviews mit Ortskennern, also mit lokalen Persönlichkeiten, die gute Kenntnisse über ihre Gemeinden besitzen (z. B. Bürgermeister, Forst- und Landwirte, Heimatpfleger). Bei diesen Gesprächen, die jeweils Teilräume des Landkreises thematisierten, in der Summe aber doch das gesamte Kreisgebiet abdeckten, wurden weitere 263 Kulturspuren ermittelt, die durch die anderen Methoden noch nicht erfasst worden waren. Aufgrund des hohen Engagements der Befragten wurden die genannten Spuren im Anschluss an die Interviews gemeinsam aufgesucht und überprüft.

In der Summe wurden 613 historische Kulturlandschaftselemente ermittelt. Keines davon ist bislang in Denkmal- und Naturschutzkatastern registriert, und nur die wenigsten (109) sind in der Literatur oder in anderen Schriften oder Datenbanken erwähnt. Die Existenz der großen Mehrzahl (504) der Artefakte ist nur im Wissen der Bürgerinnen und Bürger sowie der lokalen Experten gespeichert. Die Bedeutung der Bürgerbeteiligung bei der Inventarisierung historischer Kulturlandschaftselemente darf demnach nicht unterschätzt werden (vgl. Abb. 1).

Ergebnisse der Inventarisierung

Die erfassten Kulturlandschaftselemente zeigen im Kreisgebiet keine homogene Verteilung. Das kann zum einen mit dem Wissen der beteiligten Bürgerinnen und Bürger bzw. mit der teilräumlichen Intensität deren Mitarbeit am Projekt zusammenhängen, ist aber auch auf die unterschiedliche Persistenz der historischen Kulturlandschaft in den einzelnen Teilräumen zurückzuführen. So ist beispielsweise die Dichte der Elemente im südlichen Kreisgebiet (Lech- und Wertachtal) deutlich unterdurchschnittlich, da dort intensiv und großflächig Landwirtschaft betrieben wird. Ausgeräumte Agrarlandschaften finden sich darüber hinaus nördlich von Augsburg im Lechtal. Auch hier wurden, mit Ausnahme des nördlichsten Teilraumes, nur wenige historische Kulturlandschaftselemente erfasst. Ähnliches gilt für die Reischenau, eine relativ ebene Rodungsinsel im Westen des Landkreises.

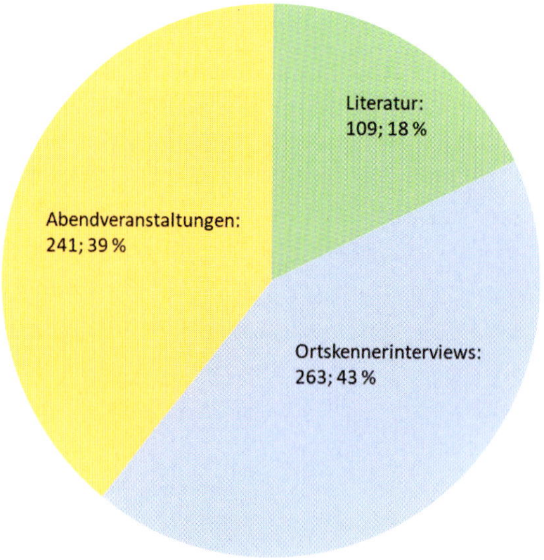

Abb. 1: Quelle der erfassten Kulturlandschaftselemente am Beispiel des Landkreises Augsburg

Landwirtschaft: Ackerterrassen bei Steinekirch

Siedlung: Streuobstwiese bei Ellgau

Verkehr: Furt bei Döpshofen durch die Schwarzach

Verkehr: Lindenallee an der Gemeindegrenze Bobingen/Augsburg

Gewerbe: Pingen vom frühmittelalterlichen Eisenerzabbau bei Aystetten

Landwirtschaft und Freizeit: Fischteich und Badeweiher bei Reinhartshofen

Deutlich größer ist die Dichte in den nördlichen (Holzwinkel) und südlichen (Stauden) Hügellandschaften, die maßgeblich von Wald- und Forstflächen dominiert werden. Dieser Befund, dass historische Kulturlandschaftselemente im Wald länger erhalten bleiben als im Siedlungsraum oder auf landwirtschaftlichen Flächen, wird auch durch frühere Studien bestätigt.

Nach Funktionsbereichen sortiert (vgl. Abb. 2) stellen die gewerblichen Relikte mit über einem Viertel aller erfassten Kulturlandschaftselemente anteilig die größte Gruppe dar. Darunter fallen sehr häufig ehemalige Sand- und Lehmgruben. Mit deutlichem Abstand folgen sakrale Kulturlandschaftselemente (z.B. Feldkreuze), Relikte ehemaliger Land- und Forstwirtschaft (z.B. Fischweiher) und historische Verkehrswege (z.B. Hohlwege). Etwas mehr als jedes zehnte Kulturlandschaftselement resultiert aus früherer Siedlungsaktivität (z. B. Brunnen). Sehr selten wurden Artefakte erfasst, die den Funktionsbereichen Herrschaft (z.B. Grenzgräben) und Militär (z.B. Bunkeranlagen) zuzuordnen sind. Und weil die Menschen in früheren Zeiten nur wenig Freizeit hatten, wundert es nicht, dass zu diesem Funktionsbereich die wenigsten historischen Kulturlandschaftselemente (z. B. Aussichtspunkte) ermittelt wurden.

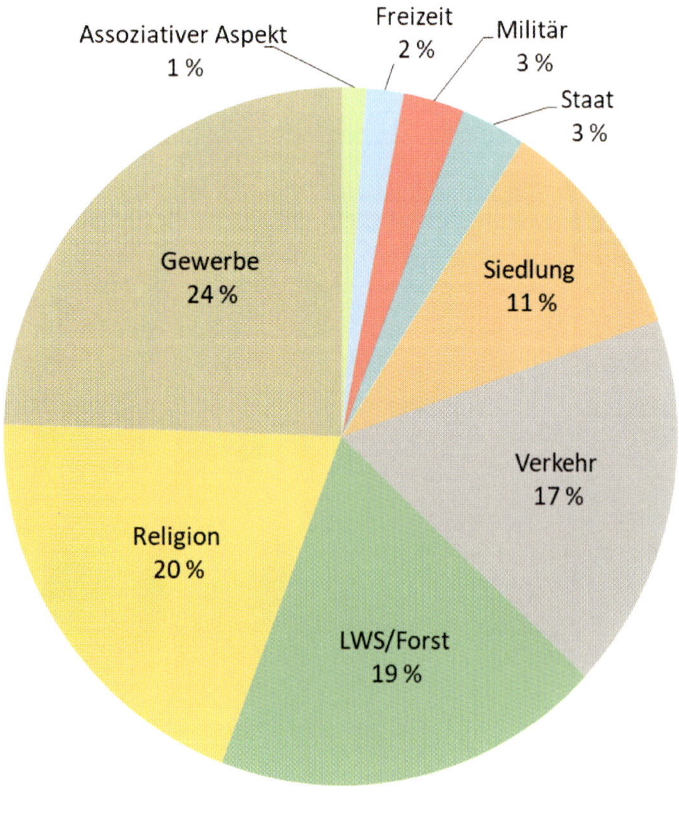

Abb. 2: Ursprüngliche Funktionsbereiche der erfassten Kulturlandschaftselemente (in %)

Welche Kartierungsmethoden sind sinnvoll?

In einem Fazit lässt sich zusammenfassen: Die Kartierung im Landkreis Augsburg zeigt, dass eine Kombination der angewandten Methoden für derartige Untersuchungen sinnvoll ist. Die insgesamt fünf Methoden bringen überwiegend Vorteile, aber auch geringfügig Nachteile mit sich:

Die Literaturanalyse dient zur ersten Übersicht der bereits bekannten historischen Kulturlandschaftselemente. Die Anzahl der dokumentierten Elemente im Schrifttum ist jedoch sehr gering, weshalb die Bürgerbefragung zu den wichtigsten Erfassungsmethoden der Kartierung zählt, um eine größere Datenmenge zu erhalten. Die in Infoveranstaltungen gesammelten Angaben über historische Elemente sind allerdings auf Grund ungenauer mündlicher Überlieferungen nicht zweifelsfrei belegt. Explizit diese Methode wird sinnvollerweise von Ortsbegehungen und/oder einer Überprüfung mittels digitaler Geländemodelle (ALS des Bayernatlas) flankiert, um eventuelle Fehlinterpretationen oder bereits abgegangene Elemente auszusondern.

Unabdingbar ist aber auch die Erfassung durch Interviews mit Ortskennern, also mit Experten für die Teilräume, die meist mit breitem Wissen und Genauigkeit wertvolle Hinweise liefern können. Allein mit solchen Interviews hätten zwar zahlreiche (bereits durch die Bürgerbeteiligung bekannte) historische Kulturlandschaftselemente aufgespürt werden können, allerdings sind diese Interviews auch sehr zeit- und damit kostenintensiv. Die Hotline, sei es über E-Mail oder Telefon, sichert die Kommunikation mit Personen, die immobil sind oder nur wenig Hinweise liefern können, und komplementiert so die Erfassung historischer Kulturlandschaftselemente.

Um ein Gebiet möglichst flächendeckend zu kartieren, ist der Methodenmix folglich zwingend. Jede einzelne Methode sichert nicht die wissenschaftliche Präzision und liefert keinen ganzheitlichen Erfolg. Die Erhebungsbefunde der historischen Kulturlandschaftselemente im Landkreis Augsburg sind letztlich für die Gemeinden eine wertvolle Informationsgrundlage für raumrelevante Planungen, beispielsweise in der Bauleit- oder der Verkehrswegeplanung. Ebenso wird das Bewusstsein und das Interesse in der Bevölkerung durch die Veröffentlichung der Ergebnisse mittels Wanderausstellungen, Informationstafeln im Gelände und einer kostenlosen Karte gestärkt und im besten Fall neu geweckt.

Einen wichtigen Beitrag kann dazu das Projekt „Kulturlandschaftsforum Bayern“ unter der Trägerschaft des Bayerischen Landesvereins für Heimatpflege als Onlineportal leisten und von Heimatvereinen oder Bildungseinrichtungen als Informationsbörse und Netzwerk genutzt werden (www.historische-kulturlandschaft.net).

Im Dorf Welden gibt es neben der Pfarrkirche Mariä Verkündigung die Wallfahrtskirche St. Thekla auf einem Geländesporn. Sie geht auf eine Stiftung der Grafen Fugger zurück und wurde um 1755 erbaut. Die Kirchen und den historischen Ortskern verbindet eine Sichtachse.

Feldkreuze und Bildstöcke sind neben Kirchen und Kapellen weit verbreitete Zeichen der Volksfrömmigkeit. Als religiöse Landschaftselemente bilden sie Wegmarken außerhalb der Dörfer. Links: Feldkreuz bei Wehringen. Rechts: Dreifaltigkeitstafel bei Gessertshausen

Bedeutsame Kulturlandschaften Sehen – Verstehen – Vermitteln

Thomas Schneider

„Landschaft ist stets von Natur und menschlicher Gestaltung bestimmt. Sie wird außerdem von Menschen interpretiert. Landschaft entsteht im Kopf des Betrachters ...“ (Küster, 2010, S. 12)

Naturlandschaft, Kulturlandschaft und das Konzept der „Bedeutsamen Kulturlandschaften“

Jede Landschaft, in der menschliches Wirken seine Spuren hinterlassen hat, ist – frei von jeglicher Bewertung oder Normierung – im weiteren Sinn eine „Kulturlandschaft“. Nach dieser Definition gäbe es, legt man die Dichotomie zwischen Natur- und Kulturlandschaft zugrunde, in unserem Raum und wohl in ganz Deutschland, mit Ausnahme vielleicht einiger Hochlagen im Gebirge, so gut wie keine reine Naturlandschaft mehr.

„Kultur“ – das Präfix deutet zunächst Positives an und gemahnt an frühere Sichtweisen, als man zum Beispiel die Trockenlegung von Mooren als „Meliorieren“ (von lateinisch *meliorare* = verbessern) bezeichnete. Demgemäß würde eine Überprägung durch den Menschen die Landschaft „verbessern“, ihr eine höhere Wertigkeit verleihen, was einer pessimistischeren Sichtweise gegenübersteht, nach der menschliches Wirken „Landschaft“ in jedem Fall negativ beeinflusst und sie schließlich als reine „Nutzlandschaft“ zunehmend weiter weg vom Zustand der Naturlandschaft, aber auch der Kulturlandschaft im strengeren Sinn, führt. Unabhängig von einer solchen, eher philosophischen Grundsatzdiskussion geht es im vorliegenden Kontext um „Bedeutsame Kulturlandschaften“, also Raumeinheiten, denen mit dieser Bezeichnung eine besondere Wertigkeit zugesprochen wird, welche sie aus dem Gesamtraum hervorhebt und als etwas auszeichnet, das unsere besondere Beachtung verdient. Das Konzept der „Bedeutsamen Kulturlandschaften“ beinhaltet somit eine Selektion und Konzentration unter Zugrundelegung qualitativer, normierender, jedoch gleichzeitig möglichst objektiver und allgemein akzeptierter bzw. akzeptierbarer Kriterien.

Die Sichtweise ist zunächst retrospektiv, bezieht doch die Kulturlandschaft ihre Bedeutsamkeit in erster Linie aus Eigenschaften, die ihr in der Vergangenheit verliehen wurden; eine Bedeutsamkeit muss allerdings auch für die Gegenwart und mit in die Zukunft gerichtetem Blick abgeleitet werden, gilt es doch, das, was die jeweilige Landschaft bedeutsam macht, für unsere Generation wie für die nachfolgenden zu bewahren. Kulturlandschaften sind kulturelles Erbe, genauso wie es die Literatur, die Malerei oder die Musik sind – wohl kaum jemand käme auf die Idee, Schriften der Klassiker, Gemälde oder Plastiken der Gotik oder musikalische Werke des Barock als verzichtbar zu bezeichnen, nur weil sie vergangenen Epochen entstammen. So auch unsere Kulturlandschaften – sie sind Ergebnisse und Zeugnisse der Lebens- und Wirtschaftsweisen des Menschen und seines „Arrangements“ mit der Natur zu jeweiligen Zeiten und somit wertvolle und aussagefähige kulturelle Hinterlassenschaften mit gewichtiger kulturgeschichtlicher und -geographischer Bedeutung („Historische Kulturlandschaften“). Diese gilt es wertzuschätzen und zu schützen – nicht im Sinne eines Freilichtmuseums oder als Schaustück wie unter einer Glasglocke, als zufälliges, aus der Zeit gefallenes Überbleibsel einer vergangenen, schönen und heilen Welt oder gar als niedliches Disneyland, sondern als integralen, im Idealfall sogar funktionellen Bestandteil unserer gegenwärtigen Lebenswelt, der die Kontinuität der Veränderung, aber auch die Persistenz – „... das bis in die Gegenwart reichende Nachwirken historisch überkommener Strukturen“ (E. Wirth, 1979, S. 279) – erkennbar und erfahrbar macht.

Bedeutsame Kulturlandschaften haben charakteristische, individuelle und wiedererkennbare, aber auch idealtypische Züge bis heute behalten. Sie haben sich über längere Zeiträume entwickelt und somit in der Regel mehrere genetische Phasen durchlaufen, welche auch jeweils Veränderungen mit sich brachten; ihr heutiges Erscheinungsbild ist das Ergebnis vielfacher und komplexer Interaktionsprozesse zwischen Natur und menschlichen Aktivitäten (das Bundesnaturschutzgesetz spricht von „Historisch gewachsenen Kulturlandschaften“). Dies macht sie, sind sie doch Speicher von Informationen und Quellen für ein Lernen über unsere regionale Vergangenheit, nicht nur zu wichtigen Objekten einer Betrachtung und Erforschung aus geographisch-historischer Sicht, sondern auch zu hochwertigen Lebens-, Aufenthalts-, Wohlfühl- und Erfahrungsräumen für die in ihnen lebenden wie auch die sie aufsuchenden Menschen.

Über die Wertigkeit von Kulturlandschaften, ihre Wahrnehmung und Wertschätzung

Dabei ist es zum einen wichtig, zu erkennen, was das Besondere, Charakteristische, Individuelle an einer jeweiligen Kulturlandschaft ist, was eine solche ausmacht und sie von anderen unterscheidet – wobei nicht jede derartige Landschaftseinheit sich von einer anderen in einer Vielzahl von Aspekten abheben muss! Oft sind es auch nur wenige, vielleicht bei oberflächlicher Betrachtung gar nicht so auffällige und wenig spektakuläre Eigenschaften, die die jeweilige „Besonderheit“ ausmachen. Bedeutende Kulturlandschaften finden sich, zumindest in unse-

Blick über Markt Wald und seine Fluren in südliche Richtung gegen die Alpen

rer Region, eher dort, wo der Mensch mit der Natur und nicht gegen sie gearbeitet hat, wo er sich eher als Teil dieser Landschaft denn als „Bezwinger" unter fragwürdiger Interpretation des „Sich-die-Erde-untertan-Machens" gesehen und wo Neues das bestehende Alte nicht „erschlagen" hat. Das bayerische Schwaben weist zwar weithin bekannte und beeindruckende Beispiele auf, wie etwa die Füssener Bucht mit den Königsschlössern und dem Forggensee; in viel größerer Zahl handelt es sich jedoch um nicht so „spektakuläre" Landschaften – das eher Zurückhaltende, Unprätentiöse ist in weiten Teilen unserer Region prägend. Man schaue aber nur die unterschiedlichen Ausgestaltungen der Kirchtürme und ihrer Hauben an, die den einzelnen Ortschaften und Teillandschaften einen individuellen Charakter und Wiedererkennungswert verleihen, um zu begreifen, wie regional differenziert unsere Kulturlandschaft ist.

Kulturlandschaften bestehen aus Elementen unterschiedlicher Maßstabsklassen und haben sich auch selbst in unterschiedlichsten Größen entwickelt. Insofern ist es wichtig, prägende Landschaftselemente zunächst einmal wahrzunehmen, ihre Besonderheit und ihre Wertigkeit für die Landschaft, die sich aus ihnen zusammensetzt, im Einzelnen sowie in ihrer Kombination erkennen und einschätzen zu können und zu begreifen, was diese Elemente im Einzelnen (und warum) entstehen ließ, was ihre individuelle, regional differenzierte Ausprägung bewirkte, aber auch was der Grund war, dass sie sich allen Zeitläufen zum Trotz bis auf den heutigen Tag erhalten haben. Hierdurch, also wenn das Betrachten und Erleben solcher Landstriche in den Köpfen der Menschen etwas auslöst und mit ihren Gefühlen etwas macht, wenn begriffen wird, was sie uns zu sagen in der Lage sind, werden Landschaften bedeutsam, wird der Niederschlag menschlichen Wirkens in Form der Kulturlandschaften und deren „Inventar" in regional unterschiedlichen Ausprägungen zu einem materiellen wie immateriellen Gut, und es erschließt sich, warum uns ihre Erhaltung und ihr Schutz auch im Sinne der Achtung vor dem Wirken früherer Generationen angelegen sein müssen.

Dieser Blick auf die Landschaft beinhaltet, dass wir in der Lage sind, Veränderungen, die die Kulturlandschaft auch in unserer Zeit betreffen, wahrzunehmen und je nachdem auch kritisch zu bewerten, und soll auch dazu führen, dass sich dezidiertere, weniger schulterzuckend-hilflose Sichtweisen einstellen, wenn wieder einmal unreflektiert Hand (bzw. die Axt oder der Abbruchhammer) an Überkommenes gelegt wird. Interesse für derartige Entwicklungen, kritisches Hinterfragen etwa von Straßenausbaumaßnahmen vor dem Hintergrund ihrer Auswirkungen auf die Landschaft oder von Neubaumaßnahmen hinsichtlich ihrer Einpassung in ein Ortsbild (z.B. Dachformen) oder den Landschaftscharakter (z.B. Gewerbegebiete), stellen sich nur dann ein, wenn das, was beeinträchtigt wird, was Schaden nimmt oder gar ganz zu verschwinden droht, in seiner Individualität und Schutzwürdigkeit erkannt wird und wenn einem bewusst wird, dass damit Wichtiges verloren zu gehen droht.

Blick über den Ortsrand von Ruhfelden (Gem. Aichen, Lkr. Günzburg) in südwestliche Richtung; im Hintergrund das breite Mindeltal

Landschaft lesen und verstehen

All dies erfordert, die Landschaft mit offenen, fragenden Augen zu sehen – es geht eigentlich um einen Vorgang und eine Fähigkeit, die man als „In der Landschaft lesen" oder „Die Landschaft lesen" bezeichnen kann – etwas, was (heute?) nicht mehr unbedingt zu den Alltagskompetenzen vieler Menschen gehört und was es demzufolge auch, nicht unähnlich dem eigentlichen Lesenlernen, zu vermitteln gilt. Das „Lesen" der Landschaft, der wache Blick für die in ihr zu findenden Details, ist Voraussetzung für ein Verstehen – ein Verstehen, wie und warum es dazu kam, dass diese Einzelelemente in der vorliegenden Ausprägung und Zusammensetzung die jeweilige Kulturlandschaft ausmachen. Natürlich kommt hier der emotionale Aspekt zum Tragen; Kulturlandschaften sind auch insofern bedeutsam, als sie Vertrautheit, Verbundenheit und Geborgenheit bewirken können – für diejenigen, die diese Eindrücke offenen Auges und mit Sensitivität wahr- und annehmen.

Diese Beziehung zum eigenen Lebensraum und dessen Wertschätzung scheinen derzeit wieder an Bedeutung zu gewinnen. Dazu gehört auch, zu begreifen, welchen verändernden oder gar zerstörerischen Prozessen die Landschaft in der Vergangenheit und bis heute unterworfen war, welche gesellschaftlichen, ökonomischen, aber auch welche natürlichen Bedingungen und Vorgänge dabei eine Rolle gespielt haben. Die „Vereinödung" wie auch die „Vergrünlandung" im Allgäu gäben hier gute Beispiele ab.

Es gehört jedoch auch dazu, zu akzeptieren, dass ein Landschaftsbild ein Stadium wiedergibt, also nichts Statisches ist, nichts Museales, sondern dass es selbstverständlich Anpassungen und Wandlungen unterworfen ist, die aus den Gegebenheiten, den Vorlieben, den Zwängen und Nöten der jeweiligen Zeit erwachsen sind. Landschaften verändern ihren Charakter dynamisch – sie entwickeln sich hin zu solchen mit hohem „kulturlandschaftlichen" Anteil, es kann dieser aber auch sukzessive wieder zurückgehen, wie etwa in Abwanderungsgebieten oder solchen mit Sozialbrache und damit einhergehender „Verwaldung". Neben solch längerfristigen Veränderungen sind es oft auch einschneidende Ereignisse, die deutliche Spuren in der Kulturlandschaft hinterlassen – denken wir nur an die radikalen Umwälzungen, welche die Flurbereinigung etwa um die 1960er Jahre bewirkt hat und welche im Nachhinein in vielen Fällen als „Ausräumung" der Fluren mit der Folge einer Verarmung des regionaltypischen Landschaftsbildes wie auch der Biodiversität gesehen wurden. Ebenso hat die damit einhergegangene „Dorferneuerung" in so manchen Fällen dem „Erneuern" den Vorzug gegenüber der Bewahrung des Gewachsenen gegeben.

Eine Schwierigkeit ist bei alledem, dass die Sicht auf (Kultur-)Landschaft und ihre Elemente und eine Bewertung von deren Bedeutsamkeit nicht bei jedermann gleich ausgeprägt ist und auch nicht im Sinne eines präskriptiven Wertekanons vermittelt werden kann.

Was, wie etwa das leuchtende Gelb blühender Löwenzahnwiesen im Allgäu, bei den einen Entzücken auslöst und als Inbegriff einer schönen Natur erscheint, lässt andere sofort an Gülleausbringung, Stickstoffanreicherung im Boden und Verlust an Biodiversität gegenüber naturnahen Blühwiesen denken;

Löwenzahnblüte in den Fluren nordöstlich von Rückholz mit Einzelgehöften; Blick nach Süden gegen die Tannheimer Berge

was der eine als elegante, architektonisch und technisch eindrucksvolle Bogenbrücke über ein Tal sieht, bedeutet für den anderen die brutale Zerstörung des Gesamtcharakters einer idyllischen Tallandschaft. Dieser Konflikt wird nicht gänzlich zu lösen sein – gemeinsamer Nenner sollte aber immer sein, zu fragen, was bei einer geplanten Veränderung, einem ins Auge gefassten Eingriff, verloren gehen würde, und abzuwägen, ob es dies wirklich wert ist – sich auszumalen, „Was wäre, wenn?", statt im Nachhinein mit einem schulterzuckenden „Schade" zur Tagesordnung überzugehen.

Natürlich scheinen etwa der Bau einer Schnellstraßenüberführung über das Alpseetal in unmittelbarer Nachbarschaft der Königsschlösser oder ein Windpark in nächster Nähe zur Klosterlandschaft von Oberschönenfeld kaum vorstellbar, aber es sind ja in der Regel eher die kleinen, schrittweisen Veränderungen – ein übertriebener Straßenausbau, eine Bachbegradigung, nicht angepasste Architektur in unmittelbarer Nachbarschaft - oder auch nur Details wie „moderne" Beleuchtungskörper, die im Endeffekt ein bedeutsames Landschaftsensemble schleichend entwerten. Umso wichtiger ist das Schaffen eines wertschätzenden Bewusstseins, einer Identifizierung der Bevölkerung mit „ihrer" Landschaft. Um dem entgegenzuwirken, dass Landschaft als etwas Wertfreies gesehen wird, darf die Diskussion um die Bedeutung der Kulturlandschaft nicht allein den Zirkeln der damit berufsmäßig oder wissenschaftlich Befassten (Behörden, Planungsbüros, Hochschulen, Universitäten) vorbehalten sein, sondern muss von der Bevölkerung, die ja integraler Bestandteil derselben ist, (mit-)getragen werden.

Wissen, Vermitteln, Handeln

Verständnis für die Bewahrung unserer Kulturlandschaft erfordert also breite gesellschaftliche Akzeptanz, welche wiederum nur dann gegeben sein kann, wenn das Wissen um die Entstehung, Funktion und geschichtliche Veränderung von „Landschaft" entsprechend breit und mit Engagement vermittelt wird und in unseren Köpfen verankert ist. Ein solches Wissen beleuchtet und verknüpft Historie, regionale Geographie mit all ihren fachlichen Facetten (z. B. Agrar-, Siedlungs-, Verkehrs-, Vegetations- und Bodengeographie u. a. m. – im weiteren Sinne auch das komplexe Feld der Historischen Geographie wie auch der Sozialgeographie) sowie Ökologie, bezieht Architektonisches und Archäologisches mit ein und stellt einen Bezug zur Lebenswelt und -weise unserer Vorfahren her. So schafft es ein Verständnis für die Genese der Landschaften, in denen wir heute leben, sowie – durch die Ermöglichung einer kontrastiven Sichtweise – einen (durchaus individuellen) kritischen Blick für positive wie negative Entwicklungen in der Vergangenheit und heute.
In vielen Fällen wird uns bei einer so erwachsenden eigenen Bestandsaufnahme ein Gefühl des Verlustes beschleichen, eine Wahrnehmung, dass allzu vieles verschwunden ist – sei es durch Desinteresse, blinde Fortschrittsgläubigkeit oder Uninformiertheit. Der Verlust an Charakteristischem, Eigenständigem und aus der regionalen Landschaft und ihren Gegebenheiten Erwachsenem ist in der Regel allerdings schleichend. Er wird deshalb bei Weitem weniger dramatisch wahrgenommen, als dies etwa bei Momentanereignissen wie Zerstörungen

durch Erdbeben oder flächenhaften Sturmschäden der Fall wäre. Betrachten wir jedoch Karten oder Fotografien, die einige Jahrzehnte alt sind, oder gar solche, die aus der Zwischenkriegszeit stammen, so wird uns bewusst, wie stark der Wandel hin zum heutigen Erscheinungsbild unserer Landschaft innerhalb weniger Generationen gewesen ist. Dabei ist es nicht nur der enorme Flächenfraß, der sofort ins Auge fällt, sondern auch die immer weiter fortschreitende „physiognomische Unterwerfung" der Landschaft durch den Menschen, die immer stärkere Intensivierung der Nutzung von Kulturland. So treten immer mehr geradlinig-gestreckte Elemente auf – etwa dadurch, dass im Gegensatz zu den früheren Wegen, die sich dem Relief untergeordnet zwischen den Ortschaften hinschlängelten, zunehmend gerade Straßen- und Wegeverläufe das Bild beherrschen, oder wenn die ehemals gewundenen, breite Talräume einnehmenden Flüsse und Bäche zu kanalartigen, geraden Abflussrinnen mutiert haben. Insgesamt erscheinen die „Ökologisch und landeskulturell bedeutsamen Flächen" (ÖLF) immer mehr auf dem Rückzug.

Neue Elemente in der Flur: Großstall-Neubau im Neufnachtal zwischen Wollmetshofen (Hintergrund) und Langenneufnach

Vergrößert man den Betrachtungsmaßstab, so wird man erkennen, wie stark etwa auch die Entwicklungen im baulichen Bereich den Charakter der Ortschaften und damit der Landschaft verändert haben. Vieles haben wir aus der Landschaft „entsorgt" – umso mehr gewinnt das noch Erhaltene an Bedeutsamkeit. „Verdichtung" ist eine derzeitige Maxime der Stadt- und Ortsplanung, wodurch gewachsene Siedlungsstrukturen aber auch Gefahr laufen, an Gesicht zu verlieren. Andererseits „zerfließen" Orte mit neu ausgewiesenen Baugebieten in ihr Umland hinaus; große Aussiedlergehöfte sind dominante Elemente in Außenbereichen. In vielen ländlichen Gebieten hat die Ausräumung der Landschaft wiederum für monotone, wenig gegliederte Strukturen gesorgt, wozu nicht zuletzt eine historische und ökologische und Aspekte zu wenig beachtende Flurbereinigung in ihren frühen Phasen beigetragen hat. Städte, vor allem Innenstädte, aber auch dörfliche Siedlungen wie auch Landschaften als Ganzes gleichen sich einander immer mehr an, regional Eigenes wird immer mehr nivelliert – ein Prozess, der unter dem Stichwort „Globalisierung" auch international abläuft. Die Regionalität – somit auch der Erkennungswert, die Eigenständigkeit und Liebenswürdigkeit und eine daran geknüpfte Bindung, die man mit „Daheimsein" und „Heimatgefühl" beschreiben kann – drohen mehr und mehr verloren zu gehen. Der aus der Landschaft erwachsene „schwäbische" Hauscharakter ist schon vielerorts Baumarkt-Elementen und Toskana-Architektur gewichen. Vielfach kann man, nähert man sich heute einem Dorf, nur noch erahnen, wie es vormals in die umgebende Landschaft eingebettet war, wie auch Sträucher und Bäume es einfriedeten, wo heute vielerorts raumgreifende Neubaugebiete mit austauschbaren, wenig inspirierten Baukörpern einen harschen Ortsrand bilden.

Wir müssen zu einer Haltung kommen, bei der Modernisierung nicht automatisch als „schlecht" und alles aus der Historie Überkommene als „gut" gesehen wird, bei der aber andererseits auch nicht der Fetisch des Modernen jegliche Neuerung als positiv sieht und damit rechtfertigt. Als gefährlich erweist sich in jedem Fall eine Gleichgültigkeit. Um diese zu überwinden, ist Information und sachliche Aufklärung wichtig.

So ist anzunehmen, dass Menschen, die einen kahlen, von jeglicher sonstiger Bepflanzung freien Kurzrasen- oder gar Schottergarten an ihrem Haus als ästhetisch empfinden, auch weniger Anstoß an dem plötzlichen Verschwinden einer Heckenreihe in der Landschaft nehmen als der Nachbar, der eine vielfältige Pflanzen- und Vogelwelt in seinem Garten schätzt; dass solche Haltungen auch prägenden Einfluss auf die jeweiligen Kinder haben dürften, liegt auf der Hand. Es ist von unschätzbarer Bedeutung, Kindern Natur und Landschaft erlebbar zu machen, sie mit ihnen zu erkunden und sie ihnen zu erklären. Kinder sind neugierig, offen und sensibel für ihre Umwelt – gerade auch für Details, die „Landschaft" und deren Wertigkeit ausmachen.

Wenn Kinder aber „Landschaft" nur mehr als austauschbare Kulisse für Videoformate erleben, wird diese Neugier nicht bedient; „Mega-Szenerien" mit Beispielen aus aller Welt, wie sie heute durch die Medien in unüberschaubarer Zahl frei Haus geliefert werden, dürfen den Blick auf das, was die heimischen Landschaften bieten, nicht abstumpfen.

Defizite, Desiderate und Möglichkeiten der Vermittlung

Leider tun sich in unserer Zeit auch die Schulen schwer, diesem Thema gebührend Beachtung und Raum zu widmen. Zwar spricht bereits der Grundschullehrplan davon, dass „die Schülerinnen und Schüler ihren Lebensraum [...] mit seinen historischen, geographischen, natürlichen, kulturellen und sozialen Besonderheiten, die schützens- und erhaltenswert sind", kennenlernen sollen, allerdings kann es kaum gelingen, die zu einzelnen kleinen Teilthemen erarbeiteten Inhalte zu einem „Gesamt-Landschaftsbild" zu verknüpfen.

Mag vielleicht geltend gemacht werden, dass dieser Themenkreis im Rahmen des Heimat- und Sachunterrichts in der Grundschule für die Gesamtheit der Schülerschaft noch etwas komplex ist, so ist doch zu fragen, ob es nicht angebracht wäre, der „Kulturlandschaftsbildung" (Schenk, 2020, S. 69) einen größeren Stellenwert im Curriculum zumindest der Sekundarstufen zu geben – ideale Unterrichtsmethoden sind hierfür Projekte und Exkursionen, das geeignete Zentrierungsfach ist die Geographie, in Kooperation etwa mit der Biologie und der Geschichte, nach Möglichkeit auch der Kunsterziehung („Kunstlandschaften"). Was dem entgegensteht, sind leider nicht nur der Druck und die Einschränkungen des Stunden- und Lehrplans, sondern auch die Gegebenheiten in der Ausbildung der Lehrkräfte, bei der die Notwendigkeit einer Vermittlung der hierfür nötigen Kenntnisse und Kompetenzen angesichts „gestraffter" Studiengänge immer weniger Anerkennung gefunden hat.

Natürlich sollen Studierende in Süd- wie in Norddeutschland einen grundsätzlich vergleichbaren Kanon bedienen, aber wie kann es sein, dass ein Geographiestudent für das Grundschullehramt an der regionalen Alma Mater (der ja aller Wahrscheinlichkeit nach wiederum in der Region seinen Einsatz findet) beispielsweise eher über Bewässerungssysteme in der Sahara Bescheid weiß als etwa über die Terrassierung der Talhänge entlang der Flusstäler im schwäbischen Raum oder die Genese von Wölbäckern und Hohlwegen im engeren Umfeld? Durch eine stärkere Integration geeigneter regionaler Themen und Beispiele müssten hier solide Grundlagen bei der Ausbildung der „Multiplikatoren"

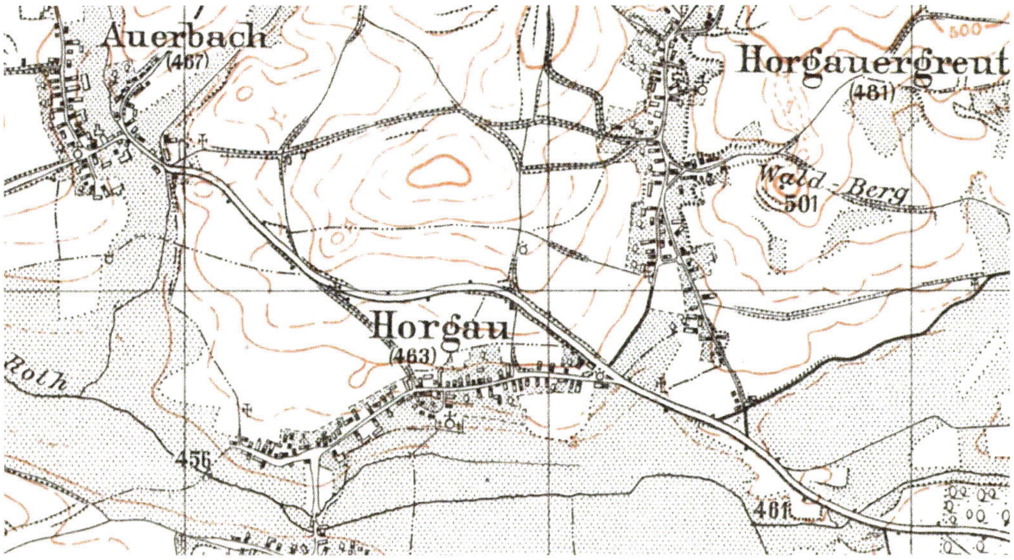

Ein Beispiel für das Raumgreifen der Siedlungsentwicklung: Jahrhundertelang ein kleines Dorf, hat Horgau mit seinen Ortsteilen Horgauergreut und Auerbach in den letzten Jahrzehnten ein rasantes Wachstum an Siedlungs- und Gewerbeflächen erfahren, begünstigt durch die gute Straßenanbindung zur Großstadt Augsburg sowie die nahegelegene Eisenbahn.

(in erster Linie also der Lehrkräfte) gelegt werden, was vor allem durch eine Stärkung der Rolle von Führungen und Exkursionen, durchgeführt von der Materie und der Region Kundigen, bewirkt werden könnte. Kritisch gesehen werden muss auch die Tatsache, dass in Forschung und bei Veröffentlichungen „Internationalität" immer mehr zählt und gleichzeitig das „Naheliegende" zunehmend geringgeschätzt wird. Auch im Rahmen von Fortbildungsangeboten für Lehrkräfte, etwa an der hierfür primär zuständigen Akademie in Dillingen, oder in den Angeboten der „Regionalen Lehrerfortbildung" (RLFB) sollte dieser Themenkreis stärkere Beachtung finden. Ebenso sollte er einen soliden Platz in der Ausbildung der mit einschlägigen Planungsaufgaben Befassten einnehmen.

Natürlich hängt vieles letztendlich vom eigenen Interesse, vom Enthusiasmus und von der Neugier des Einzelnen ab; doch auch im privaten Bereich gibt es in großer Zahl Möglichkeiten, sich eigenständig kundig zu machen, wenngleich Informationen zum Thema „Kulturlandschaft" meist eher aus verschiedenen Quellen zusammengesetzt und ergänzt werden müssen, da bislang regional ausgerichtete und umfassende Darstellungen nicht in wirklich angemessener Zahl vorliegen. Dessen ungeachtet hat das Thema „Kulturlandschaft" in den letzten Jahren im wissenschaftlichen Diskurs immer mehr an Bedeutung gewonnen, was sich auch deutschlandweit in einer steigenden Zahl von Veröffentlichungen niedergeschlagen hat, die sich auf regionale Beispiele beziehen bzw. wissenschaftliche Grundlagen liefern.

Von den Medien könnte heutzutage natürlich allen voran das (regionale) Fernsehen herangezogen werden, doch zeigt sich an vielen Beispielen, dass oft andere, spezielle Aspekte bei auf bestimmte Landschaften bezogenen Themen im Vordergrund stehen – so etwa, wenn bei Filmen über den „Bodensee" einzig auf die Vogelwelt abgehoben wird oder bei einem Beitrag zum „Allgäu" rein touristische Belange behandelt werden. Nicht, dass dies nicht seine Berechtigung hätte, aber warum findet sich so selten ein Beitrag, der eine ganzheitliche „kulturlandschaftliche" Darstellung anstrebt, bei der etwa am Beispiel der Bodensee-Region oder des Ries eine Verknüpfung von dort vorhandenen naturgeographischen Gegebenheiten und menschlichem Wirken vorgenommen wird? Es scheint auch, als ob zunehmend eine „Heile Welt"-Darstellung im Vordergrund steht; es werden „schöne" Landschaften, schöne Bilder gezeigt, aber sind die interessanten, kulturell-historisch bedeutsamen Landschaften immer auch „schön" nach oberflächlichen Kriterien? Darstellungen aussagefähiger Beispiele von (Kultur-)Landschaften, mit den dabei zu nennenden guten wie negativen Aspekten, sind selten. Tatsächlich ist zu fragen, wo heute, da unsere Kulturlandschaft immer mehr unter Druck gerät, solch aufrüttelnde, ja oft polemische, immer aber ungemein inspirierende Weckrufe, wie es etwa die Beiträge des Dokumentarfilmers Dieter Wieland (er bezeichnet Landschaften als „Basis unserer Kultur") zwischen den 1970er und 1990er Jahren waren, geblieben sind.

Wir sind konditioniert, die Landschaft ausschnittsweise, mit einem selektierenden „Tunnelblick" und gewissermaßen „touristischen" Augen zu sehen. Sicher kennen viele das Kloster Oberschönenfeld als Museumsstandort und als Ausflugsziel mit Bewirtschaftung, der Kunstliebhaber vielleicht aufgrund der schönen Abteikirche; an Ottobeuren fasziniert die Basilika mit ihrer Orgel, aber wie viele sind sich bewusst, wie sehr diese Einrichtungen die Entwicklung, die Kultur, die Bevölkerungs- und Siedlungsstruktur, ja die Physiognomie auch ihres gesamten Umlandes beeinflusst haben? Kennzeichnend ist beispielsweise auch, auf welch nachlässige Weise viele regionale Führer das in ihnen behandelte Gebiet darstellen. Man erinnere sich an für die eigenen Urlaube erstandene Werke – oft handelt es sich um ein punktuelles Abhaken einzelner „Highlights" mit besonderer Betonung der Einkehrmöglichkeiten und vorangestellter kurzer Auflistung geschichtlicher Eckdaten; nur von wenigen wird in einem ausführlicheren Textteil in seriöser Weise eine Landschaft wirklich ganzheitlich als solche beschrieben und erläutert und mit entsprechender Expertise die einzelnen natur- und kulturgeographischen Aspekte miteinander verwoben. Es lohnt sich, zu blättern und nicht das günstigste und meistbeworbene Produkt zu erwerben.

Für Interessierte ergeben sich dessen ungeachtet vielerlei Möglichkeiten, sich beispielsweise durch Angebote auf lokaler wie regionaler Ebene zu informieren. Zu nennen wären etwa Heimatvereine, Historische oder Naturwissenschaftliche Vereine und Geographische Gesellschaften, aber auch Angebote von Volkshochschulen sowie anderweitig für die Öffentlichkeit ausgeschriebene Vortrags- oder Exkursionsangebote.

Vor allem in den Wochenendausgaben der Zeitungen sind immer wieder einmal interessante Beiträge zu Themen in diesem Kontext zu finden. Wer mehr als einen oberflächlichen Blick auf die Landschaft werfen möchte, dem stehen Verzeichnisse und Erläuterungen zu den jeweiligen Teilaspekten und Einzelobjekten zur Verfügung – so etwa die „Kurzinventare" für die Baudenkmäler der einzelnen Landkreise oder die vom Landesamt für Umwelt erstellte Liste der wichtigen Geotope, für archäologische Stätten der Denkmalatlas des Bayerischen Landesamts für Denkmalpflege. Als einfache und dazu gesundheitsfördernde Möglichkeiten bieten sich schließlich lokale Themenwege mit Vor-Ort-Erläuterungen an.

Kulturlandschaften und ihre Bedeutsamkeit – Resümee und Appell für Eigeninitiative

Die Bedeutung von Kultur- wie Natur-(nahen-)Landschaften erschließt sich uns nur bei entsprechendem Interesse und persönlicher Begeisterungsfähigkeit, unterstützt durch zumindest grundlegende Kenntnisse über ihre entscheidenden Konstituenten in deren Einzel- wie Gesamtbetrachtung, was wiederum durch das Vorhandensein möglichst vieler positiver, überzeugender Beispiele unterstützt werden kann. Eine solche Neugier, eine solche Zugewandtheit und das daraus erwachsende Sich-betroffen-Fühlen jedes Einzelnen kann die emotionale Bindung an und das Verantwortlichkeitsgefühl für das, was im weiteren Sinn als „Umwelt" und „Heimat" bezeichnet wird, in positivem Sinne beeinflussen; aus einer daraus erwachsenden Identifikation muss die Reflexion sowie der Wunsch und Wille entstehen, der Gleichgültigkeit entgegenzutreten und sich für den Erhalt des als bedeutsam Erkannten einzusetzen und dessen Schutz zum eigenen Anliegen zu machen.

Neben Elternhaus und Schule spielt hierbei ein verantwortungsvolles Engagement der Medien im Sinne seriöser und gleichzeitig allgemein verständlicher, gut aufbereiteter und präsentierter Information, die Fachkauderwelsch vermeidet und unaufdringlich, mit didaktisch gut aufbereiteter, qualitätvoller Darbietung Lust darauf macht, sich mit der Materie zu beschäftigen, eine Rolle. All dies kann auch den Blick auf Wertvolles und Bedeutsames außerhalb des engeren Lebensumfelds (z. B. in Urlaubsregionen) erweitern und schärfen.

Entscheidende Bedeutung kommt natürlich den mit der Materie Beschäftigten in Behörden, im Bildungswesen und in der Wissenschaft zu, allen voran den verantwortlichen Entscheidungsträgern in Verwaltung und Politik. Landschaftsplanung, Bauplanung, Raumordnungsverfahren u. Ä. – bei all diesen Prozessen, die in unserer dicht besiedelten, intensiv genutzten Landschaft heute bei Eingriffen und Veränderungen ablaufen, ist in hohem Maß Behutsamkeit, Verantwortungsgefühl und Expertise gefordert, wenn dabei Grundlagen unserer (bedeutsamen) Kulturlandschaften betroffen sind. Dass dabei auch ein aktives Sich-Einbringen jedes Einzelnen möglich und wertvoll ist, zeigen erfolgreich durchgeführte Projekte und Verfahren mit Bürgerbeteiligung (vgl. Landkreis Augsburg, Hg., 2020).

So, wie immer mehr in unser Bewusstsein rückt, wie unabdingbar eine gesunde natürliche Umwelt als Voraussetzung für ein menschenwürdiges Leben ist, so wird bei vielen auch der Verantwortung für das, was über Jahrzehnte und Jahrhunderte diese Umwelt durch das im weitesten Sinne „kulturelle" Schaffen des Menschen bleibend geprägt hat, eine wachsende Rolle zugewiesen. Zwar sind der Blick auf unsere Kulturlandschaft und die Kriterien zur Einschätzung ihrer Bedeutsamkeit zweifelsohne – siehe das eingangs erwähnte Zitat – stark durch individuelle Lebensumstände und subjektive Sichtweisen geprägt; Einsicht und Überzeugung, aufbauend auf Wissen und Information und gepaart mit dem Wunsch nach einer lebenswerten Umwelt, sollten das Finden eines gemeinsamen Nenners, eines breiten Konsenses in der Bevölkerung, möglich machen.

Das Neufnachtal in den Stauden mit der Trasse der Staudenbahn nördlich von Mittelneufnach; Blick gegen Nord auf Reichertshofen

Bedeutsame Kulturlandschaften vom Ries bis zum Allgäu

Das Rieser Becken bildet aufgrund seiner günstigen Klima- und Bodenbedingungen seit Jahrhunderten eine intensiv genutzte Agrarlandschaft.

Im oberen Allgäu prägen Wiesen und Weiden die Kulturlandschaft. Auf den sanft geformten Kuppen der Voralpen breiten sich Wälder aus.

Die mächtige Harburg auf einem Bergsporn über der Wörnitz und die historische Wörnitzbrücke in der Stadt Harburg (Landkreis Donau-Ries)

Kesseltal in der Riesalb (Landkreis Dillingen)

Streuobstwiesen und Obstplantagen (Landkreis Lindau)

Blick über Kloster und Markt Ottobeuren auf die Kulisse der Allgäuer Alpen (Landkreise Unterallgäu und Oberallgäu)

Das Ries – eine Landschaft mit naturräumlicher Eigenart und kulturellem Reichtum

Das Ries nimmt innerhalb der Landschaften Süddeutschlands aufgrund seiner erdgeschichtlichen Entwicklung als Meteoritenkrater und durch den Reichtum an kulturlandschaftlichen Zeugnissen der Siedlungs- und Agrargeschichte, der Herrschafts- und Stadtgeschichte, der Kirchen- und Klostergeschichte einen besonderen Stellenwert ein.

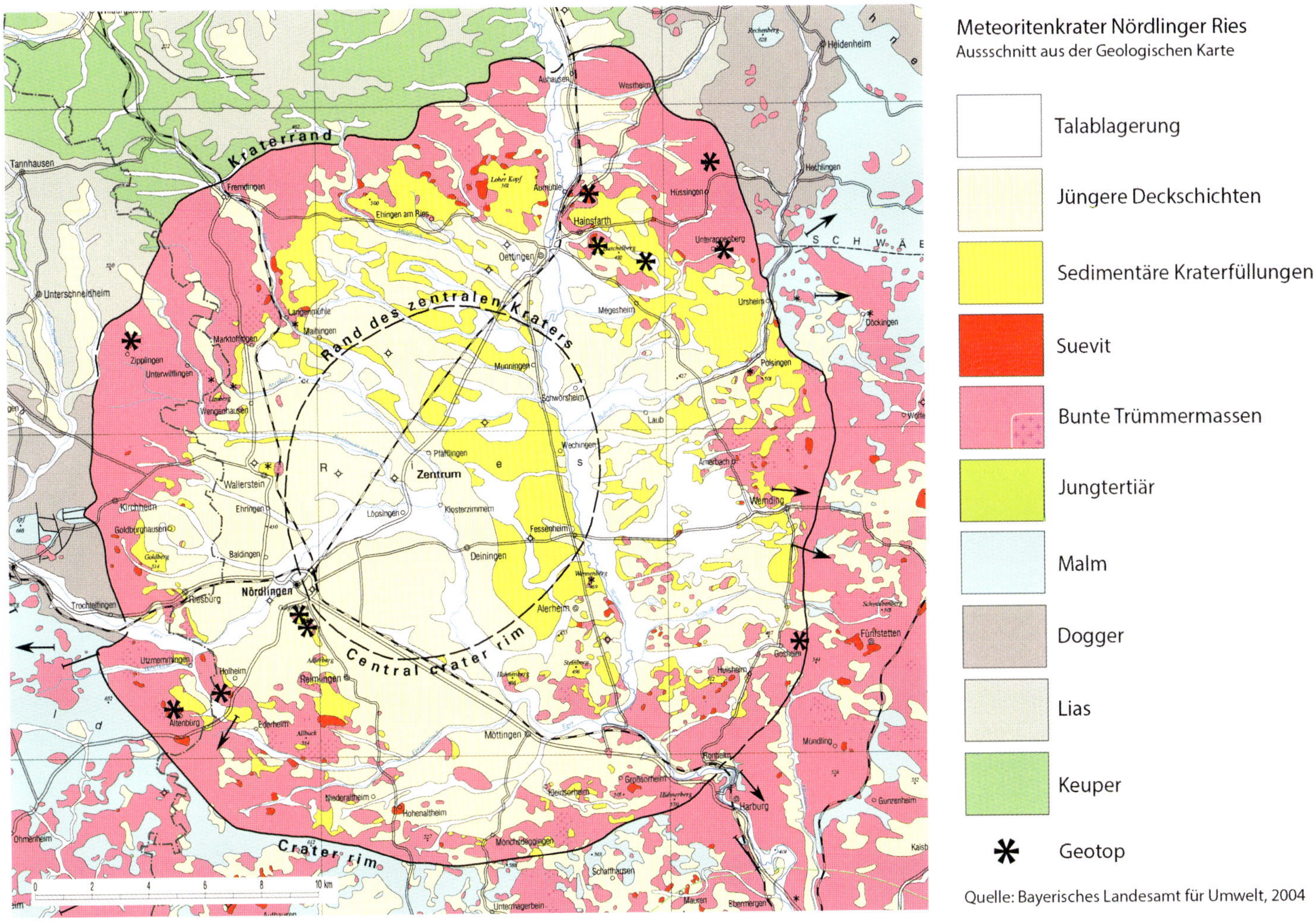

Das Riesbecken aus der Flugperspektive 2008. Die kreisrunde Altstadt von Nördlingen wird von ausgedehnten Neubaugebieten und Industriearealen umrahmt, die Dörfer sind ziemlich gleichmäßig über die agrarisch genutzte Ebene verteilt und durch ein dichtes Straßennetz erschlossen.

Erdgeschichte und Geologie

Als nahezu kreisrundes Becken mit 20–25 km Durchmesser ist das Ries in den Höhenzug der Schwäbisch-Fränkischen Alb mit rundum steilen Rändern eingesenkt. 100–150 m betragen die Höhenunterschiede zwischen dem flachen Beckenboden und den umrahmenden Hochflächen. Die Flüsse Wörnitz und Eger und ihre zahlreichen Nebenbäche gliedern das Innere des Rieses in weit gespannte Ebenen und flache Niederungen, die randlich von einzelnen Erhebungen und Hügelketten überragt werden. Diese tragen stellenweise noch eine artenreiche Vegetation mit Trockenrasen und naturnahen Waldgesellschaften, während die Ebenen von Ackerland und die Niederungen teilweise noch von Wiesen eingenommen werden.
Das ausgeglichene Landschaftsbild lässt nicht erahnen, dass es einer verheerenden Naturkatastrophe, nämlich dem Einschlag eines riesigen Meteoriten (Asteroiden), seine Entstehung verdankt. An zahlreichen Stellen treten Granit- und Gneisgesteine an die Erdoberfläche, die normalerweise in 600 m Tiefe als kristallines Grundgebirge vorkommen. An Stelle der normalen Gesteinsfolge mit Kalk-, Sand- und Tonsedimenten aus den Perioden vom Erdmittelalter bis zum Tertiär lagern am Riesrand ältere Gesteine über jüngeren, vermischt mit groben Blöcken, oft chaotisch durcheinandergemengt zu einem spezifischen Gestein, der sogenannten „bunten Brekzie". Ein einzigartiges Ries-Gestein ist der „Suevit" (Schwabenstein), dessen graue poröse Grundmasse von aufgeschmolzenen glasartigen Bruchstücken durchsetzt ist.
Die verschiedenen Theorien einer vom Erdinneren her verursachten, also irdischen Entstehung fanden eine überraschende Wende, als man im Suevit die Mineralien Coesit und Stishovit entdeckte, die nur unter extremen Druck- und Temperaturbedingungen gebildet werden, wie sie beim Aufprall kosmischer Körper auf die Erdoberfläche entstehen. Weitere Untersuchungen lieferten nach und nach die Beweise für den Ablauf des Riesereignisses vor rund 14,5 Mio. Jahren durch den Einschlag eines Meteoriten von ca. 1 km Durchmesser, der im Umkreis von mehr als 100 km die Landoberfläche massiv veränderte. Riesige Gesteinsschollen und kleine Gesteinsbrocken wurden aus dem Krater geschleudert und als mächtige Schuttdecke rund um das Ries aufgetürmt. Absenkungen am Rande des Einschlagkraters erweiterten den Durchmesser auf ca. 25 km.
Die Hohlform füllte sich mit Wasser, es bildete sich ein seichter See, der nach und nach mit Ablagerungen aus Kalk, Sand und Ton aufgefüllt wurde. Als am Ende der Tertiärzeit vor ca. 10 Mio. Jahren weite Teile Süddeutschlands einschließlich der Jurakalke herausgehoben wurden, konnten die Wasserläufe die Landoberfläche zerschneiden und die ehemalige Kraterform wieder freilegen. Harte Riesseekalke wurden als Einzelhügel herauspräpariert. Die nachfolgenden Perioden des Eiszeitalters lieferten dem Riesbecken schließlich die Lössablagerungen, die in Verbindung mit einem relativ trockenen Klima seit Jahrtausenden die Basis für die landwirtschaftliche Nutzung und die intensive Besiedlung bilden.
Der Geopark Ries bietet viele Möglichkeiten, die Erdgeschichte im Gelände zu erkunden und vertieft im RiesKraterMuseum in Nördlingen kennen zu lernen.

Suevit über bunter Brekzie, Steinbruch Aumühle bei Oettingen

Suevit mit eingelagerten „Fladen"

Massiger Suevit überlagert die kleinstückige bunte Brekzie. Beide sind die Schlüsselgesteine der Riesforschung.
Suevit besteht aus einer Mischung aus Kristallingesteinen und Sedimenten, die beim Meteoriteneinschlag entstanden ist. Er enthält dunkle „Fladen" aus aufgeschmolzenem Material und wurde als „Schwabenstein" für zahlreiche Bauten verwendet.
Bunte Brekzie ist ebenfalls eine neu entstandene Gesteinsformation aus dem Material, das beim Meteoritenaufprall vermengt wurde.

Vor- und Frühgeschichte

Spuren der Jäger und Sammler reichen in die Alt- und Mittelsteinzeit zurück. Für die Niederlassung der Bauernkulturen der Jungsteinzeit bot das Relief des Rieskraters mit flachen Mulden und Bachtälern sehr günstige Voraussetzungen. Funde auf Höhenkuppen belegen die allmähliche Ausweitung des Siedlungsraumes in den Epochen der Bronze- und Eisenzeit, die durch zahlreiche Wallanlagen und Grabhügel belegt ist.

Eine planmäßige Gestaltung erhielt die Landschaft in der Römerzeit (ca. 90–260 n. Chr.). Straßenreste, Spuren von Militärlagern, Gutshöfe und Bestattungsplätze sind als archäologische Denkmäler erhalten. Das nachhaltigste Zeugnis der Römerzeit ist die Landschaftsbezeichnung „Ries", die von dem Provinznamen „Raetia" abgeleitet ist. Archäologische Funde werden im Stadtmuseum Nördlingen und im Heimatmuseum Oettingen präsentiert.

Auf dem Rollenberg weisen die Reste einer Wallanlage und Keramikfunde auf eine Höhensiedlung in der Bronzezeit hin.

Zahlreiche Grabhügel der Hallstattkultur (ältere Eisenzeit) haben sich auf einer Wiese bei Hochaltingen erhalten.

In einer Kalkscholle am südlichen Riesrand liegen die Ofnethöhlen. Dort sind beachtliche Funde der Mittelsteinzeit (ca. 8000 v. Chr.) ausgegraben worden. In der Talsohle wurden Grundmauern einer römischen Villa mit Wohn- und Badegebäude freigelegt.

Burgen und Schlösser

Der Fortgang der Besiedlung im Mittelalter ist durch mehr als 50 Gräber und Friedhöfe des 6./7. Jahrhunderts belegt. Die archäologischen Quellen werden bestätigt durch mehr als zwei Drittel der Ortsnamen mit Endungen auf -ingen und -heim, die auf alemannische Hofstätten zurückgehen. Einzelfunde belegen den Eingang des Christentums in dieser Zeit, das sich mit der Eingliederung des Gebietes in das Frankenreich langsam ausbreitete. Der weitere Siedlungsausbau im 8./9. Jahrhunderts ist durch die Ortsnamen auf -hausen und -hofen belegt. Bei einzelnen Siedlungen errichteten die Territorialherren ihre Ansitze mit Wehrtürmen auf Hügeln in geschützter Lage, sog. Burgställe. Hier handelt es sich um künstlich aufgeschüttete Hügel mit einem umlaufenden Wall- und Grabensystem. Dieser Typus ist noch mehrfach im Ries erhalten, z.B. bei Belzheim, Holheim und Oettingen.

Bauliche und fortifikatorische Erweiterungen solcher Kleinburgen führten zu mehrteiligen Anlagen wie z.B. die Burg Niederhaus der Herren von Hürnheim. Einige entwickelten sich zu Reichsburgen bzw. Schlössern wie Oettingen und Wallerstein, die als namengebende Residenzen für die Herrschaftsträger eine wichtige Rolle spielten.

Die Burgen und Schlösser des Rieses sind beachtliche Zeugnisse der Geschichte in der Kulturlandschaft und bilden heute beliebte Ziele für den Tourismus.

Burgstall bei Oettingen, 10. Jahrhundert

Mauerreste der ehemaligen Burg Hochhaus im Kartäusertal

Die Ruine Niederhaus mit Bergfried und Palas über dem Forellenbachtal verkörpert eine hochmittelalterliche Adelsburg. Der Südhang mit Wacholderheide und die Talwiesen mit zwei Weihern werden von den Rieser Naturschutzvereinen gepflegt.

Die Harburg über dem Wörnitztal bildet eine wehrhafte Anlage mit Bergfried, Ringmauer und Türmen, die Burgkapelle, Wohngebäude mit Fürstenbau und Saalbau umschließen. Seit dem 13. Jahrhundert ist die Anlage im Besitz der Grafen von Oettingen ausgebaut worden.

Schloss Hohenaltheim, repräsentative Landresidenz mit Parkanlage, ab 1711 anstelle einer Wasserburg erbaut von den Grafen von Oettingen-Wallerstein. Es vermittelt eine Vorstellung von der anspruchsvollen Lebensweise und Wohnkultur des Adels im 18. Jahrhundert.

Kirchen und Klöster

Archäologische Funde belegen den Eingang des Christentums seit dem 7./8. Jahrhundert. Aus den bescheidenen Dorfkirchen in Holzbauweise sind im Laufe des Mittelalters viele der heute noch bestehenden Gotteshäuser hervorgegangen.
Die Kirchtürme haben mit ihren starken Mauern auch Schutz- und Verteidigungsaufgaben erfüllt. Die Palette reicht von der romanischen Architektur in Minderoffingen über Beispiele der Gotik wie die herausragende Georgskirche in Nördlingen (1427–1505) bis zu den barocken Umbauten in zahlreichen Dörfern.
Mit den Ereignissen der Reformation hat sich das kirchliche Leben grundlegend verändert. Neben der Spaltung der Bevölkerung in katholische und evangelische Untertanen wirkten sich die Auseinandersetzungen und Kriege verheerend auf die Dörfer und die Kulturlandschaft aus.
Im 17./18. Jahrhundert erlebte das künstlerische Schaffen mit der Erweiterung und Ausstattung der Dorfkirchen und einigen Neuschöpfungen wieder einen kräftigen Auftrieb.

Links: Minderoffingen, katholische Pfarrkirche St. Lorenz. Romanische Chorturmkirche aus Tuffquadern, um 1200, Turmhaube 17. Jh. Rechts: Eine Besonderheit in landschaftsprägender Lage ist die Dorfkirche in Ehingen, die als Simultaneum seit 1555 von beiden Konfessionen genutzt wird. Turm um 1200, Chor 15. Jh., Ausstattung 13.–18. Jahrhundert.

Wallerstein, Pfarrkirche St. Alban mit Zwiebelhaube (17. Jh.) und Dreifaltigkeitssäule (1725), zur Erinnerung an die Pest, an der Hauptstraße errichtet

Als religiöse Symbole sind in der Kulturlandschaft der katholischen Dörfer Kreuze oder Bildstöcke mit der Bitte um Schutz für Haus und Hof oder als Zeichen des Dankes aufgestellt. Bildstock bei Oettingen

Wemding, Wallfahrtskirche Maria Brünnlein. Ein Marienbild in einer Feldkapelle war Ziel für zahlreiche Pilger, sodass im 18. Jahrhundert über einer Quelle (Brünnlein) ein Neubau mit prächtiger barocker Ausstattung und einem stattlichen Turm errichtet wurde.

Eine starke spirituelle und missionarische Bedeutung ging seit dem 11. Jahrhundert von den Klöstern aus. In Auhausen und Mönchsdeggingen entstanden Niederlassungen des Benediktinerordens, Frauenklöster der Zisterzienserinnen wurden im 13. Jahrhundert in Zimmern und Kirchheim gegründet. Mit der Armutsbewegung der Bettelorden fassten die Franziskaner 1245 in der Stadt Nördlingen Fuß. Zu einem der wichtigsten kirchlichen Grundherren stieg der Deutsche Orden, ausgehend von der Kommende Oettingen, auf. Das 1435 in Maihingen gestiftete Kloster Maria Mai war nacheinander von Augustinern, Benediktinern und Serviten belegt. Es blühte nach den Zerstörungen im Schmalkaldischen Krieg als Birgitten- und später als Minoritenkloster wieder auf. Der barocke Kirchenbau ist ein herausragendes Denkmal des 18. Jahrhunderts. Als Reformbewegung für die Volksseelsorge ließen sich die Kapuziner 1669 in Wemding nieder. Alle Klöster wurden 1803 säkularisiert. Einige sind im Laufe des 19. Jahrhunderts wiederbelebt worden, z.B. die Wemdinger Kapuzinereinrichtung. Seit 2000 werden die Baulichkeiten von dem meditativen Orden der Unbeschuhten Karmelitinnen bewohnt.

Links: Mönchsdeggingen, das älteste Benediktinerkloster im Ries, ist in der Barockzeit komplett neu gebaut worden. Die Mariannhiller Missionare haben die umfänglichen Baulichkeiten bis in die jüngste Zeit genutzt. Die Zukunft ist unsicher.
Rechts: Maihingen, barocker Neubau, 18. Jh., mit reicher Ausstattung. Das Klostergebäude wird heute als kirchliches Bildungszentrum genutzt. In den ehemaligen Wirtschaftsgebäuden ist seit 1984 das Museum des Bezirks Schwaben „KulturLand Ries“ untergebracht.

Christgarten im Kartäusertal, Chor der ehemaligen Klosterkirche, 1383 gegründet, 1557 säkularisiert und bis auf den Mönchschor inzwischen abgebrochen oder verfallen

Wemding, ehemaliges Kapuzinerkloster, 1669–72 erbaut, mehrfach umgestaltet, seit 2000 Sitz der Unbeschuhten Karmelitinnen

Städte im Ries

Als Zentren für Verwaltung, Handel und Gewerbe entwickelten sich mehrere Städte. Lagegunst und Stadtherrschaft waren entscheidend für die Entfaltung von Nördlingen als Freie Reichsstadt und bedeutender Messestandort. Oettingen entwickelte sich als Residenz zu einem regionalen Marktort mit beachtlichen Kulturdenkmälern. In Wemding lässt sich der Werdegang einer Ackerbürgerstadt in der baulichen Struktur gut nachvollziehen. Harburg ist im Schutz der Burg herangewachsen.

Oben: Blick von Norden über die Altstadt von Nördlingen mit der St.-Georgs-Kirche und dem „Daniel“ auf den bewaldeten Rand des Riesbeckens. Unten: Wemding, den Mittelpunkt bilden Pfarrkirche, Rathaus und Marienbrunnen am Marktplatz. Die nördliche Stadthälfte (links) dokumentiert mit der unregelmäßigen Straßenführung die dörfliche Siedlungsstruktur im Gegensatz zum planmäßig gegliederten Grundriss (rechts).

Im Erscheinungsbild sind die wesentlichen Prägekräfte der Vergangenheit in markanten Grundrissen und vielfältigen Baustrukturen erkennbar. Neben den Monumentalbauten, wie Kirchen und Rathäuser, Tore und Mauern, tragen reichgeschmückte Bürgerhäuser und schlichte Handwerkerbauten zur Vielfalt der Stadtbilder bei.

Die Erhaltung und Entwicklung der Altstädte ist eine wichtige Aufgabe des Denkmalschutzes. Da die Ansprüche der Bewohner für Wohnung, Versorgung, Dienstleistung und Verkehr die historischen Stadtstrukturen immer mehr bedrohen und verändern, ergeben sich dabei auch Konflikte. Die städtebaulichen Schutzgüter verdienen besondere Aufmerksamkeit.

Nördlingen, ehemaliges Gerberhaus mit Trockenböden aus dem 16. Jahrhundert, 1980 vorbildlich saniert

Nördlingen, Rathaus mit stattlichem Turm und Außentreppe in Steinbauweise, 17. Jahrhundert

Oettingen, Fachwerkbauten einschließlich Rathaus (rechts) und barocke farbige Fassaden (links) prägen das Stadtbild.

Oettingen, Blick von Osten über die Wörnitz auf die Altstadt mit den Dominanten Kirche St. Jakob und Neues Schloss der Grafen von Oettingen

Zeugnisse des jüdischen Lebens

Zur Darstellung der Rieser Kulturlandschaft und ihrer Elemente gehört auch ein Blick auf die Zeugnisse der jüdischen Geschichte. Bereits im Mittelalter gab es im Ries jüdische Gemeinden. Bei den Judenverfolgungen im 13. und 14. Jahrhundert wurden sie weitgehend vernichtet. Im 15. Jahrhundert zogen wieder jüdische Familien zu. Nach dem 30-jährigen Krieg erhofften sich die Oettinger Grafen und die Stadt Nördlingen mit der Ansiedlung jüdischer Händler eine Belebung der Wirtschaft. Diese ließen sich mit der Bezahlung von Schutzgeldern in den Städten und mehreren Dörfern nieder. Das königlich bayerische Judenedikt von 1813 und die Niederlassungsfreiheit ab 1861 eröffneten den Juden viele Möglichkeiten bis zur Ausübung aller bürgerlichen Berufe. Mit der Gründung des Kaiserreiches 1871 verlor das Landjudentum nach und nach seine Bedeutung. Die Ideologie und der Terror des Nationalsozialismus zerstörten das jüdische Leben im Ries wie überall in Deutschland. Zahlreiche bauliche Zeugnisse dokumentieren die Geschichte und das Leben im Laufe der Jahrhunderte. Die ehemaligen Synagogen haben ein sehr unterschiedliches Schicksal erlebt. Der stattliche Bau in Harburg wurde erheblich verändert, in der Nachkriegszeit als Kulturzentrum verwendet und heute privat genutzt. Die bemerkenswerteste Synagoge steht nahe bei Oettingen in dem Dorf Hainsfarth, sie wurde von einem bekannten Baumeister 1860 errichtet. Besondere Beachtung verdient die anspruchsvolle Innengestaltung, die in den letzten Jahren vorbildlich restauriert wurde. Heute dient die Synagoge als Begegnungsstätte. Das Netzwerk „Historische Synagogenorte" spielt dafür eine wichtige Rolle.

Unten: Synagoge Hainsfarth, 1860 erbaut, ab 1985 umfassend restauriert, heute als Begegnungsstätte genutzt
Rechts oben: Mönchsdeggingen, ehemaliges jüdisches Tauchbad (Mikwe), um 1850 erbaut. Rechts unten: Jüdischer Friedhof in Harburg

Zum jüdischen Leben gehörten die rituellen Reinigungsbäder in einer „Mikwe“. In Mönchsdeggingen hat sich ein stattliches Bauwerk als eines der letzten Beispiele in Schwaben erhalten. Zu jeder Siedlung gehörte einmal ein Friedhof. Ursprünglich gab es eine zentrale Einrichtung in Wallerstein. Dazu kamen im 19. Jahrhundert Friedhöfe in Nördlingen, Hainsfarth, Harburg, Mönchsdeggingen und Steinhart, die bis heute die auffälligsten Hinterlassenschaften der jüdischen Geschichte im Ries darstellen und im Rahmen eines Projektes inventarisiert werden.

Siedlung und Landwirtschaft

Die große Bedeutung der Landwirtschaft belegen die Vielzahl und die Verteilung der Dörfer. Entscheidend für ihr Erscheinungsbild war neben der Bauweise die Anordnung der Höfe in Form der Haufen- oder der Reihendörfer. Unterschiede in der Größe und Form der Gehöfte ergaben sich aus dem sozialen Stand der Besitzer. Bäume, Obstgärten und Hecken haben die Dörfer in die Landschaft eingebunden.

Auf den Fluren beherrschten vor der Zusammenlegung die schmalen Parzellen die Aufteilung des Eigentums. Durch den Straßen- und Wegebau und die Intensivierung der agrarischen Nutzung haben sich erhebliche Veränderungen im Landschaftsbild vollzogen. An die Stelle des typischen Bauernhauses ist das genormte Einheitshaus mit fabrikartigen Maschinenhallen getreten. An den Ortsrändern sind neue Wohngebiete herangewachsen, wie überall im ländlichen Raum. Umso wichtiger ist die sorgfältige Planung und angemessene Gestaltung.

Die Wörnitz hat auf ihrem Verlauf im Riesbecken zahlreiche Schleifen und Windungen angelegt. Sie macht ihrem keltischen Namen „Warantia“ (die sich Krümmende) alle Ehre. Die ertragreichen „Wenzwiesen“ sind meist in Ackerflächen umgewandelt worden.

Links: Großsorheim ist ein typisches Haufendorf inmitten der intensiv genutzten Agrarlandschaft.
Rechts: Rudelstetten wurde als Straßendorf angelegt und ist nach den Zerstörungen des 30-jährigen Krieges beiderseits eines Angers neu aufgebaut worden. Inzwischen hat sich der Grundriss erheblich erweitert.

Wechingen, ehemaliges Kleinbauernhaus mit steil geneigtem Dach und dem typischen Giebelprofil

Streuobstwiese am Dorfrand von Ederheim

Löpsingen, ehem. Meierhof, im Kern 16. Jahrhundert, die Größe weist auf die Bedeutung des Ortsvorstehers hin.

In dieser Situation haben sich die politischen Gremien, die Behörden und verantwortungsbewusste Vereine für Naturschutz und Heimatpflege erfolgreich um den Schutz der Lebensräume für bedrohte Tier- und Pflanzenarten sowie um die Erhaltung der baulichen Zeugnisse gekümmert. Vom Grunderwerb für Schutzgebiete bis zu deren Gestaltung und Pflege reichen die erfolgreichen Bemühungen der Naturschutzvereine. Wemdinger Ried, Anhauser Weiher, Pfäfflinger Wiesen, Magerrasen, Streuwiesen und Heide-Allianz sind die Stichworte für erfolgreiche Maßnahmen zur Erhaltung der Rieser Natur und der landschaftlichen Vielfalt.

Viele wesentliche Elemente der im Lauf von Jahrhunderten geprägten Kulturlandschaft sind aus verschiedenen Epochen erhalten. Die archäologischen Denkmäler, der historische Baubestand in Städten und Dörfern, die Vielzahl der Kirchen und Schlösser sind in Verbindung mit den erdgeschichtlichen Zeugnissen des Geoparks und den naturräumlichen Besonderheiten ein herausragendes Beispiel für die geschichtliche Dimension der Kulturlandschaft. Nur wenn man das Potenzial der Natur und das reichhaltige Erbe der Geschichte verantwortungsvoll behandelt, kann das Ries sein besonderes Profil und seinen Ruf als einzigartige Kulturlandschaft langfristig bewahren.

Der Wennenberg (469 m) bildet eine markante Erhebung im flachen Riesbecken. Geologisch weist er eine Vielfalt an Gesteinen auf. Die umlaufenden Ackerterrassen belegen die jahrhundertealte landwirtschaftliche Nutzung, die Bewaldung ist erst im 20. Jahrhundert entstanden. Auf den Terrassen wird von den Rieser Naturschutzvereinen ein Areal mit Wildkräutern gepflegt. Diese leisten mit der Landschaftspflege an verschiedenen Standorten im Ries einen großartigen Beitrag für die Erhaltung der Kulturlandschaft.

Vom Rollenberg reicht der Blick über das Wörnitztal und das Dorf Heroldingen ins Riesbecken.

Kesseltal in der Riesalb

Markus Hilpert

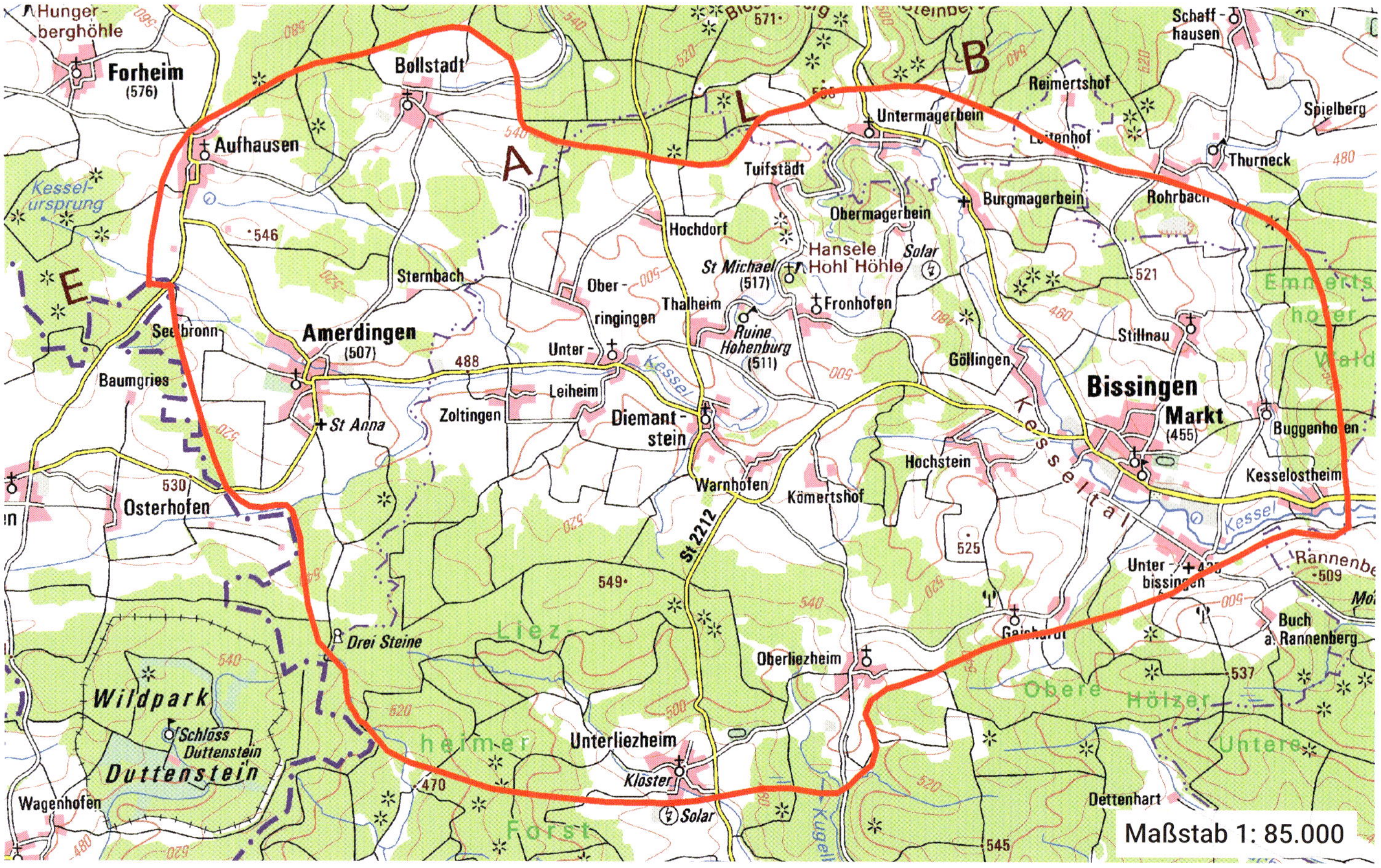

Blick vom Michelsberg auf die Mäander der Kessel und das Dorf Fronhofen

Das Kesseltal ist in die Albhochfläche eingebettet. Deren flachgründige, steinige und infolge der Verkarstung des geologischen Untergrunds zudem trockene Rendzinenböden bieten der Landwirtschaft keine günstigen Voraussetzungen. Im Kesseltal aber sind die agrarischen Produktionsbedingungen (Böden, Wasser) durch die Überdeckung mit Auswurfmassen des Riesereignisses vor rund 15 Mio. Jahren ertragreicher als in der umliegenden Juralandschaft. So hat sich im Kesseltal bis in das 21. Jahrhundert eine kleinbäuerliche Landwirtschaft erhalten, die maßgeblich die Kulturlandschaft prägt. Ihre kleinparzellierten Acker- und Feldfluren stehen im Kontrast zum Ries oder zum Donautal mit den teilweise ausgeräumten Agrarfluren.

Obwohl in jüngster Vergangenheit der intensive Ackerbau zunehmend auch das Kesseltal erfasst hat und damit extensiv bewirtschaftete Flächen und offene Fluren an Zahl und Größe abnehmen, erweist sich die Eigenart dieser Kulturlandschaft als relativ dauerhaft. Ihre Widerstandsfähigkeit gegenüber modernen Überprägungen resultiert dabei im Wesentlichen aus der peripheren Lage des Raumes. Als verkehrsgeographisch abgelegener Standort abseits der großen Entwicklungsachsen blieb ein nennenswerter Siedlungsdruck weitgehend aus. Nach wie vor charakterisieren hier meist kleine Dörfer und Weiler die Siedlungsstruktur.

Das Zentrum des Kesseltals ist der Markt Bissingen (ca. 1.400 Einwohner), bekannt durch das schwach radioaktive Wasser der Auerquelle. Sie ermöglichte die Gründung mehrerer Kurhäuser, und schon Pfarrer Sebastian Kneipp nutzte ihr Wasser zur Heilung seiner Lungenkrankheit. Die Pläne für ein „Bad Bissingen“ mit entsprechendem Tourismus wurden aber im Zuge des Zweiten Weltkrieges gestoppt.

Der geplante und ebenfalls wieder verworfene Bau einer Kesseltal-Eisenbahn zum Transport des Trass-Gesteins (Suevit) hätte zusammen mit dem Kurtourismus die touristische Entwicklung der Region sicherlich ebenso befördert. Die Kulturlandschaft und der Siedlungsraum des Kesseltals wären gänzlich verändert worden.

Heute zeugen noch zahlreiche aufgelassene Steinbrüche vom ehemaligen Abbau von Suevit, auch Schwabenstein genannt. Er wurde als Baustein (z. B. für die Nördlinger Kirche St. Georg mit ihrem 90 m hohen Turm) verwendet und diente auch als Beimengung zum Zement.

Die Kessel bei Burgmagerbein

Kapelle St. Margareth über dem Dorf Hochstein

Kirche - Burg - Höhle. Unter diesem Motto kann man die bedeutsamen Zeugnisse der Kulturgeschichte auf dem Michelsberg bei Fronhofen zusammenfassen. Auf dem Gipfelplateau steht eine stattliche Kirche (14./15. Jh.) mit barocker Ausstattung, von einer mittelalterlichen Burg sind Wallanlagen erhalten, am Nordhang liegt der Zugang zur Höhle „Hanseles Hohl", aus der Funde der jüngeren Steinzeit bekannt sind.

Das einzigartige Gepräge dieser gewachsenen Kulturlandschaft wird bestimmt durch den reizvollen Wechsel von Acker- und Wiesenflächen mit steilen Kalkkuppen. Diese Hügel sind meist mit Wacholderheiden und Trockenrasen bewachsen. Hier beherbergt das Kesseltal wertvolle Biotope von landesweiter Bedeutung, FFH-Gebiete (Natura 2000) für den Vogelschutz sowie Magerrasenflächen mit ihren schützenswerten Lebensräumen für bedrohte Tier- und Pflanzenarten. In der Kesseltalmulde werden hingegen die Grünlandbereiche zunehmend durch die intensivierte agrarische Nutzung verdrängt. Auf den ausgedehnten Hochflächen bilden aber die Wälder mit ihrem hohen Laubholzanteil, insbesondere die naturnahen Buchen-Forste, nach wie vor das landschaftsprägende Element.

Der geologische Untergrund besteht aus harten Jurakalken und den aufliegenden Auswurfmassen des Meteoriteneinschlages (Bunte Brekzie). Sie zwingen die 41 km lange Kessel mehrfach zum Richtungswechsel und zur Mäanderbildung. Die Erosion des Bachs in diese Deckschichten hat gleichsam eine stark zerschnittene und damit reich gegliederte Landschaft geschaffen. Über die Jahrtausende hinweg hat die Kessel so steile Prallhänge und weit gezogene Schleifen in der Landschaft geformt. Diese reihen sich besonders eindrucksvoll im Mittellauf zwischen Diemantstein und Untermagerbein aneinander.

Auf einzelnen Höhenrücken haben sich bis heute Reste von Burgen oder Wallanlagen erhalten, aber auch andernorts ist das Kesseltal reich an Kulturdenkmälern aus der Vor- und Frühgeschichte, dem Mittelalter und der frühen Neuzeit: Das herrschaftliche Schloss Amerdingen mit seinem Landschaftsgarten im englischen Stil, die weithin sichtbare Kapelle St. Margareth auf dem Plateau der ehemaligen Burg Hochstein oder das ehemalige Kloster Unterliezheim mit der Pfarrkirche St. Leonhard sind landschaftsprägende Denkmäler. Dazu zählt ebenfalls die Wallfahrtskirche „Unsere liebe Frau" in Buggenhofen mit ihrer prächtigen barocken Ausstattung, auf die man von der sog. Zigeunereiche, einer unter Naturschutz stehenden, etwa 600 Jahre alten Stieleiche, einen wunderschönen Blick genießen kann. Auch der Michelsberg bei Fronhofen mit seinen gemauerten Kreuzwegstationen zur Kirche St. Michael und den eng gestaffelten Wällen und Gräben um den ehemaligen Burgstall sind überregional bekannte Elemente der historischen Kulturlandschaft. Und schließlich reiht sich auch die Ruine Hohenburg auf dem Thalheimer Schlossberg, einem markanten Kalksteinriff in einer Schleife des Kesselbachs, in die Liste besonders schützenswerter Bauwerke ein.

Zum Erhalt der einzigartigen Kulturlandschaft des Kesseltales werden auch zukünftig Anstrengungen nötig sein, wie sie vom Rieser Naturschutzverein geleistet werden. So gilt es die noch existierenden Kleinstrukturen vorrangig zu erhalten und bereits großflächig genutzte Ackerflächen durch die Anlage von Feldgehölzen, Baumreihen oder Rainen wieder nach dem Vorbild der traditionellen Eigenarten dieser lokalen Kulturlandschaft zu gliedern. Auch die Pflege der charakteristischen Mager- und Trockenrasen (beispielsweise durch die Schafbeweidung) sowie der Erhalt baulicher Landmarken (beispielsweise durch die Bewahrung der Sichtbezüge zum Michelsberg) tragen zum Erhalt dieser besonderen Kulturlandschaft bei.

Schloss Amerdingen ist in der heutigen Form um 1785 errichtet worden und besitzt eine beachtliche klassizistische Ausstattung. Es wird umrahmt von einem Park im Stil eines Englischen Gartens.

Bissingen mit Pfarrkirche und Schlossanlage ist ein Marktort seit 1281 und war bis 1849 Sitz eines Amtes der Fürsten Oettingen-Wallerstein.

Blick auf Untermagerbein im Tal der Kessel vor den bewaldeten Jurahügeln Steinberg und Blossenberg

Mertinger Höll und Schwaigenwinkel im Donauried

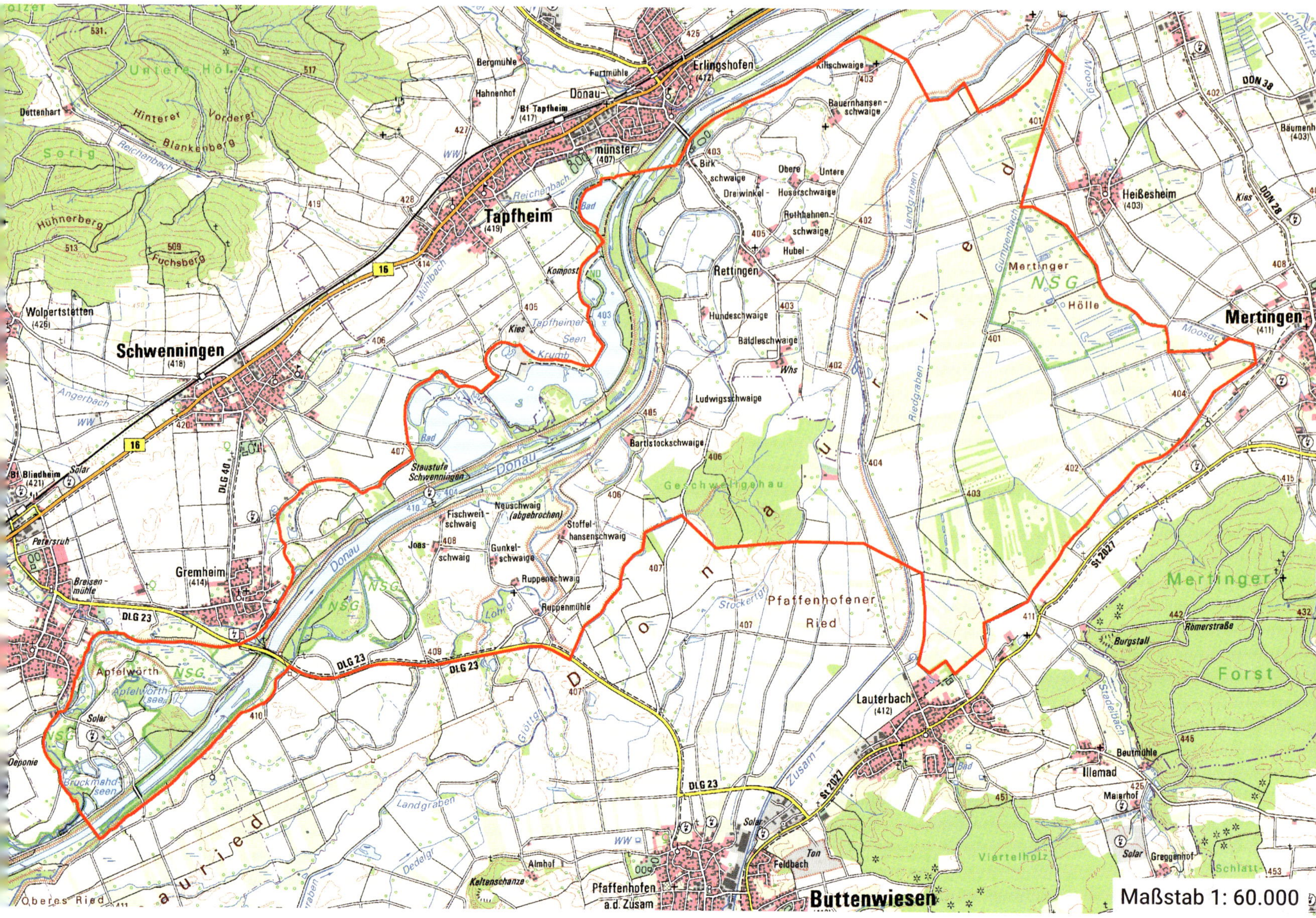

Im weiträumigen schwäbischen Donautal haben sich zwischen Mertingen, Lauterbach und Gremheim charakteristische Reste der Auenwälder und Niedermoore sowie markante Elemente der spätmittelalterlichen Siedlungsstruktur erhalten. Das Mertinger Ried war eine typische Niedermoorlandschaft mit Feuchtwiesen, Schilffeldern, Wassergräben und alten Torfstichen, in denen sich Lebensräume für vielfältige Tier- und Pflanzenarten entfalten konnten. Inselartige Reste sind noch erhalten, sie leisten auch für den Klimaschutz einen wichtigen Beitrag.

Für die regionale Geschichte und die Kulturgeographie bilden die Schwaigen, die als Einödhöfe für die Käseproduktion im späten Mittelalter errichtet worden sind, erhaltenswerte Zeugnisse. Durch Regulierung und Verbauung mit Dämmen hat die Donau seit mehr als 100 Jahren ihren Charakter als wilder Strom verloren. Das Wasser wurde in ein kanalartiges Gerinne gezwängt, und der flussbegleitende Auwald ist bis auf wenige Reste gerodet worden. Einzelne Altwässer und Torfinseln bilden noch wertvolle Brut- und Futterplätze für viele Vogelarten.

Außerhalb der artenreichen Auwälder erstreckten sich einst weiträumige Niedermoore, in Schwaben als „Riede" bezeichnet. Sie haben sich überall dort gebildet, wo hoher Grundwasserstand oder Staunässe die Torfbildung förderten. Größere Flächen entstanden zwischen Mertingen, Lauterbach, Pfaffenhofen und Gremheim, wo der Schwemmkegel der Zusam den Grundwasserablauf hemmte. Diese Flächen konnten bis ins 19. Jahrhundert bestenfalls als Streuwiesen genutzt werden. Durch Abtorfung, Entwässerung und Kultivierung wurden große Teile im letzten Jahrhundert weitgehend in Wiesen und Weiden umgewandelt und in den letzten Jahrzehnten immer mehr für den Ackerbau genutzt.

Blick auf das Naturschutzgebiet „Mertinger Höll" mit blühenden Feuchtwiesen, Magerrasen und Niedermoorflächen

Umso wertvoller sind die wenigen Restflächen, wo man mehr als 150 Vogelarten beobachten kann. Auf den Streuwiesen wächst noch eine artenreiche Riedvegetation mit Trollblumen, Orchideen oder Mehlprimeln. Für deren Erhaltung sind eine schonende Bewirtschaftung und ständige Pflege notwendig.
Ein typisches Beispiel ist das Schutzgebiet der „Mertinger Höll". Der Name „Hölle" geht auf die Insektenplage beim schweißtreibenden Torfstechen im nassen Gelände zurück, der die Mäher und Stecher bei brütender Hitze ausgesetzt waren. Torf diente im 19. Jahrhundert als Brennmaterial für das Heizen und als Energiequelle für die Eisenbahn. Der Abbau wurde ab 1920 nach und nach eingestellt. Durch Pacht, Ankauf und Ausweisung als Flora-Fauna-Habitat, ab 1984 als Naturschutzgebiet war die Erhaltung gesichert. Sie ist ein besonderes Anliegen für den Bund Naturschutz und die Naturschutzvereine in den Landkreisen Dillingen und Donau-Ries.

Torfstecher bei der Arbeit in der „Mertinger Höll"

„Höllhäusle", Einkehr- und Unterkunftshaus der Torfstecher

Impressionen aus dem Donauried

Feuchtwiesen und Streuwiesen sind Standorte für gefährdete Pflanzenarten und Überlebensräume von Tieren. Außerdem haben sie eine große Bedeutung für den Klimaschutz, denn sie speichern große Mengen an Kohlendioxid.

Das Donauried ist ein Brut-, Rast- und Überwinterungsgebiet für zahlreiche Vogelarten wie Großer Brachvogel, Kiebitz oder Regenpfeifer.

Blick über die „Lauterbacher Ruten“ in der Gemeinde Buttenwiesen. Durch gezielte Anhebung des Grundwasserspiegels soll wieder eine offene Riedlandschaft entstehen. Auf den Ökoflächen soll neben der Mahd auch eine extensive Form der Beweidung stattfinden.

Neben den Schutz- und Betreuungsmaßnahmen für die „Mertinger Höll“ stellen sich in jüngster Zeit ähnliche Aufgaben für die „Lauterbacher Ruten“. Dabei handelt es sich um 10 bis 12 m breite Streifen, auf denen Streuwiesen und Gehölzbestände Lebensräume für bedrohte Tier- und Pflanzenarten bieten. Ihre Erhaltung bzw. Wiederherstellung erfolgt in enger Zusammenarbeit mit den Grundbesitzern. Auch dafür arbeiten die verantwortlichen Naturschützer und die zuständigen Gemeinden zielorientiert zusammen. Gebietsbetreuer vor Ort bieten Führungen und Vorträge an, um die Bewohner und die Besucher über die Bedeutung des Rieds zu informieren.

Wegkapelle bei der Ruppenschwaige

Pflegeeinsatz in der „Mertinger Höll“, dabei spielt auch die Wiedervernässung eine wichtige Rolle.

Schwaigen

Blick aus der Flugperspektive über den Schwaigenwinkel und die Donau. Im Mittelgrund jenseits des Flusses breitet sich die Tapfheimer Seenplatte aus, die durch den Kiesabbau entstanden ist.

Auf hochwassersicheren, lehmbedeckten Standorten im Mündungsdreieck von Donau und Zusam sind im späten Mittelalter herrschaftliche Wirtschaftshöfe, sogenannte Schwaigen, errichtet worden. Die Gründer der ältesten Schwaigen waren wahrscheinlich die Grafen von Oettingen, die ihren Besitz im Lauf der Jahrhunderte vor allem an Klöster übergaben. An die Grundherren mussten die Bauern (Beständer) jährlich Käseabgaben leisten. Die Einödlage der Höfe hat sich bis heute weitgehend erhalten, allerdings haben sich die Anbauverhältnisse von der Wiesennutzung zum Ackerbau erheblich verändert.

Ein typisches Beispiel ist die Stoffelhansenschwaige, benannt nach den Pächtern Christof (Stoffel) Miller und Hans Kurtz, die als Beständer 1679–1732 nachweisbar sind. Eine informative Quelle für diese Zeit des 18. Jahrhunderts ist die Kartierung und Beschreibung von Lambert Kolleffel um 1750: *„Ein Hof und Schweizerei nebst einigem Feldbau, mehreren Wiesenwachs, Viehzucht, auch eigenen Holzbau".*

In der Gegenwart wird die Schwaige mit einer Wirtschaftsfläche von ca. 130 ha mit Getreide, Hackfrüchten und Mais bewirtschaftet, also ohne Milchvieh.

Links: Kartenausschnitt vom Donauried nach Lambert Kolleffel (1750) mit Landnutzung im damaligen Feuchtgebiet
Oben: Stoffelhansenschwaige mit historischem Wohngebäude und modernen Wirtschaftsbauten inmitten intensiver Ackernutzung

Intensiver Ackerbau hat auf großen Flächen die Auenvegetation und die Niedermoore verdrängt.

Dies gilt auch für die meisten anderen Schwaigen, die auf den traditionellen Standorten mit dem Einsatz von Düngemitteln und Pestiziden intensiven Ackerbau betreiben. Zwangsläufig ist dabei die artenreiche Pflanzenvegetation stark zurückgegangen.

In den letzten Jahrzehnten drohten dem Donauried mehrere einschneidende Eingriffe. Infolge der dünnen Besiedlung und der topographischen Situation wurden flächenintensive Großprojekte wie eine Magnetschwebebahn oder ein Atomkraftwerk geplant. Mit klaren Gegenargumenten und engagiertem Einsatz des Naturschutzes, der Heimatpflege und der Bevölkerung konnte das Donauried gerettet und teilweise unter Naturschutz gestellt werden.

Dabei wurde in die Tat umgesetzt, was der Heimatpfleger und Mundartautor Alois Sailer treffend formuliert hat:

„Herr, gib du Fried dem Donauried
und schütz dies Land vor Unverstand."

In der Zusammenschau bietet die bedeutsame Kulturlandschaft im Donauried informative Einblicke in die Wechselbeziehungen zwischen der naturräumlichen Ausstattung mit einer vielseitigen Lebensgemeinschaft von Pflanzen und Tieren und der historisch geprägten Siedlungsstruktur.

Das 12 Meter hohe Betonkreuz am Thürlesberg bei Pfaffenhofen nach einem Entwurf von Leo Schmitt, errichtet zum Dank und zur Erinnerung an die Proteste gegen das geplante Atomkraftwerk im Donauried mit dem Ausspruch des Heimatpflegers Alois Sailer

Rodungsdörfer um den Wallfahrtsort Violau

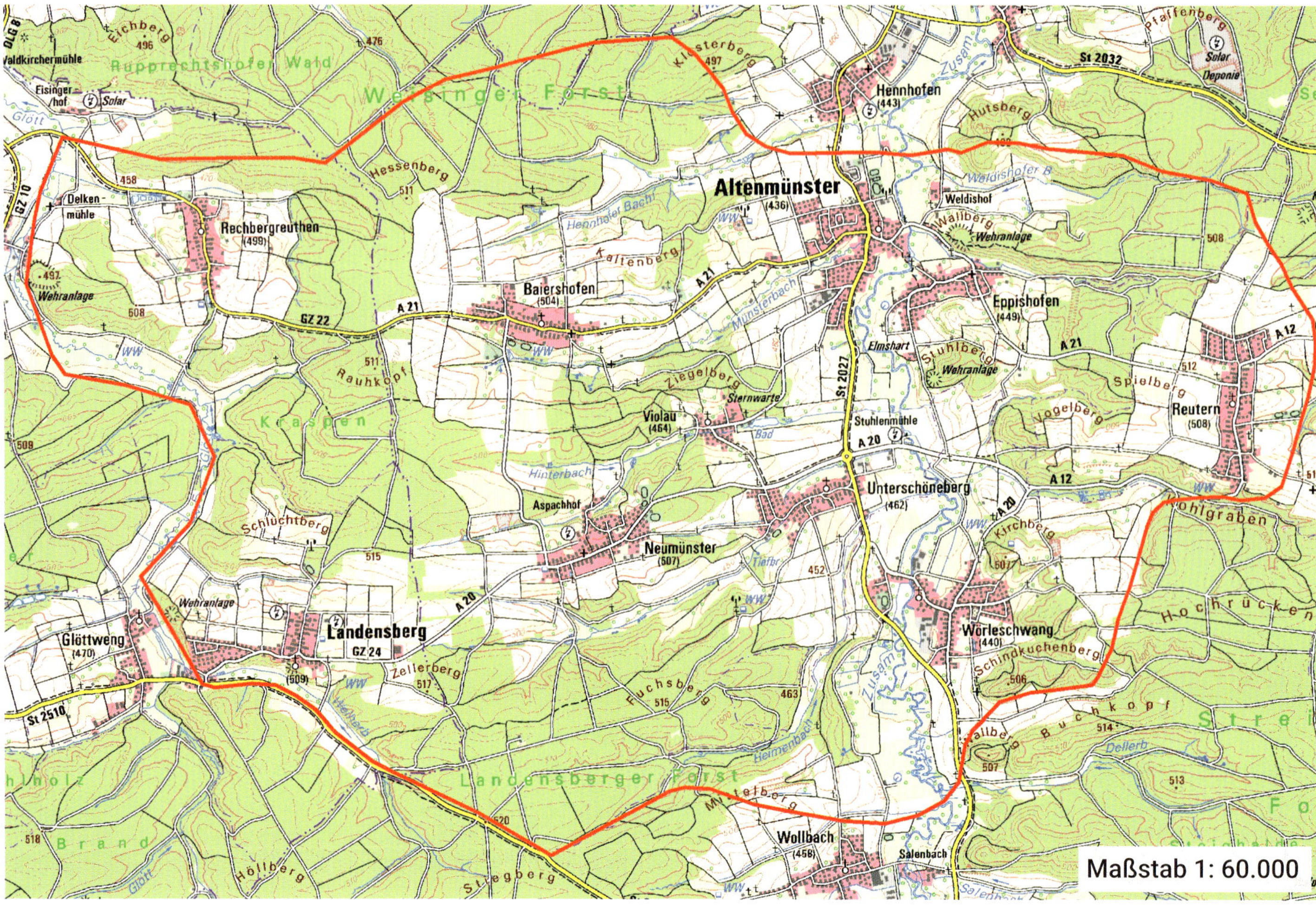

Die Landschaft entlang der unteren Zusam ist topographisch gekennzeichnet durch das Nebeneinander von schmalen Höhenrücken, kleinen Becken und flachen Bachtälern. Wälder sind das prägende Landschaftselement, während die flachen Hänge und schmalen Talsohlen von Äckern und Wiesen eingenommen werden.

Auffällig ist die regelmäßige Verteilung von Dörfern auf dem Höhenrücken westlich von Altenmünster, zwischen Zusam und Glött, im sogenannten Holzwinkel. Der Ort Altenmünster, der bis zur Säkularisation 1803 zur Grundherrschaft des Klosters Oberschönenfeld gehörte, hat sich aus einem mittelalterlichen Weiler mit Bauern und zahlreichen Handwerkern entwickelt. Das Wachstum vollzog sich entlang der Durchgangsstraße und bei der Kirche. Die umliegenden locker verteilten Siedlungen weisen sich mit den gleichmäßigen Ortsgrundrissen als spätmittelalterliche Rodungssiedlungen aus, die zwischen 1300 und 1350 auf Initiative der Grundherren (Adelige, Klöster, Bürger) nach einem festen Schema angelegt wurden. Sie haben ihr historisches Grundmuster mit gleichmäßig aneinander gereihten Bauernhäusern und anschließenden Gartenkomplexen teilweise erhalten.

Ein charakteristisches Beispiel mit einem 600 m langen und 50 m breiten Anger, auf dem Kirche und Friedhof ihren Platz haben, ist Baiershofen. Der ursprüngliche Dorfgrundriss ist auf dem Katasterplan von 1824 gut ablesbar. Auf ihm sind 54 Anwesen verzeichnet, da sich seit der Gründung die ursprüngliche Zahl durch Teilung der Hofstellen in neue Besitzeinheiten erheblich vermehrt hat. Wohnhaus und Stall stehen jeweils hintereinander, im rechten Winkel ist die Scheune angebaut, im hinteren Teil der Grundstücke stehen Obstbäume. Die Abgrenzung zur Flur bildete damals noch eine dichte Hecke.

Im Luftbild ist die heutige Situation gut erkennbar. Durch den Strukturwandel der Landwirtschaft ist ein Großteil der Bewohner auf auswärtige Arbeitsplätze orientiert, sodass sich die Nutzung der Baulichkeiten und der Grundstücke verändert hat, insgesamt ist die historische Struktur gut erhalten.

Folgende Seite unten: Baiershofen, Blick über den Dorfanger von Ost nach West auf die freistehende Kirche. Links giebelständige Bauernhäuser mit kleinen Vorgärten

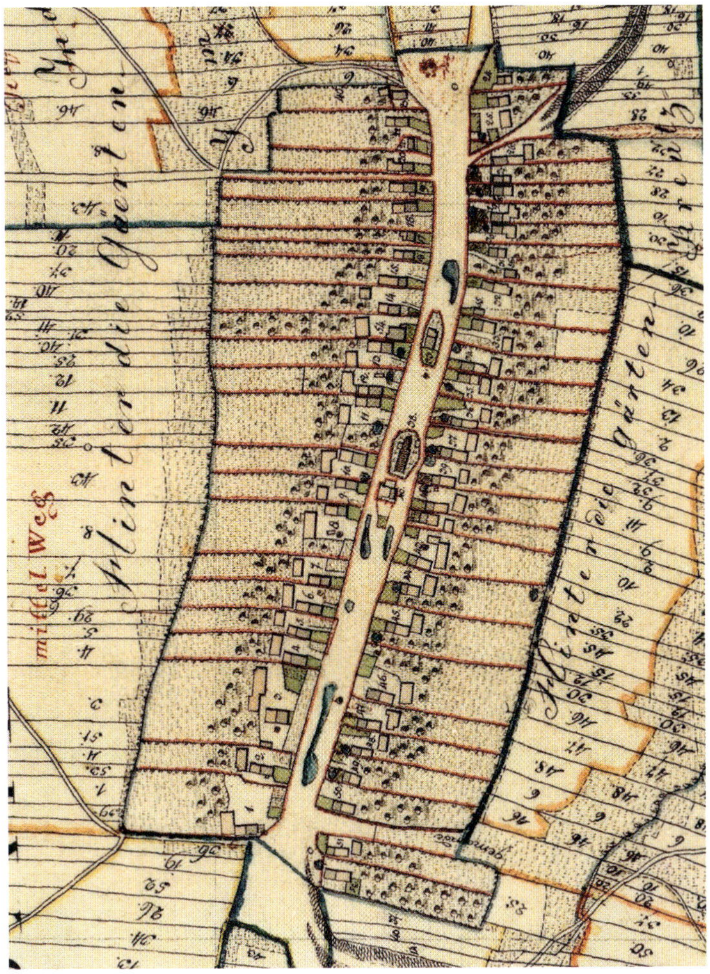

Baiershofen, Bestandsplan von 1824. Das historische Grundmuster ist ca. 500 Jahre nach der Gründung noch gut ablesbar.

Baiershofen, Luftbild mit Blick von West nach Ost, im Jahr 2015

Rechbergreuthen mit der Pfarrkirche St. Nikolaus auf dem planmäßig angelegten Dorfanger

Burgstall mit Wall und Graben, Standort der ehemaligen Stammburg der Herren von Rechberg, Gründer des Rodungsdorfes Rechbergreuthen

Rechbergreuthen, Gasthaus Hirsch, Fassadengestaltung 18. Jh.

Die Struktur eines Rodungsdorfes zeigt ebenso Rechbergreuthen. Auf dem Anger stehen die Pfarrkirche St. Nikolaus (1682) und das Pfarrhaus. Ein stattliches Baudenkmal ist die ehemalige Tafernwirtschaft mit Bräu-, Back- und Metzgergerechtigkeit, die als zeitgemäße Gastwirtschaft umgestaltet ist. Zum örtlichen Gewerbe gehörten nach den Hausnamen auch Weber, Schuster und Wagner.
Der Ortsname weist auf die Gründungsgeschichte durch die Herren von Rechberg hin, die ihre Stammburg auf dem westlich gelegenen Burgstall hatten.

Ein völlig neues Erscheinungsbild weist inzwischen die Flur auf, deren schmale Langstreifen im Rahmen der Flurneuordnung und des Wegebaus in gleichmäßige Blöcke zusammengefasst wurden. Das Dorf wird immer noch auf allen Seiten von Wäldern eingerahmt.

Eine weite Ausstrahlung besitzt die Wallfahrtskirche St. Michael in dem Weiler Violau, die mit dem zweigeschossigen Priesterhaus eine landschaftsprägende Wirkung entfaltet. Der Name „Violau" (=Veilchen) bezieht sich auf die Gottesmutter Maria. Auf romanischer Grundlage ist unter dem Patronat des Klosters Oberschönenfeld im 17./18. Jahrhundert ein stattlicher Kirchenbau mit einer beachtlichen Ausstattung errichtet worden. Im Mittelpunkt steht der Gnadenaltar mit einer Vesperbilddarstellung von 1680. Die Erhaltung von Kirche und Gnadenbild nach der Säkularisation 1803 ist den Bürgern der Gemeinden Neumünster und Unterschöneberg zu verdanken. Heute kommen Wallfahrer aus allen Gebieten der Diözese Augsburg, vor allem im Marienmonat Mai. Das Jugendhaus „Bruder Klaus" und eine Sternwarte sind weitere Anziehungspunkte in einer historisch geprägten Kulturlandschaft, die man auf einem Rundweg eindrucksvoll kennen lernen kann und die einen besonderen Stellenwert in der Landesgeschichte und in der Heimatpflege besitzt.

Wallfahrtskirche Violau am Rande des gleichnamigen Weilers, rechts im unteren Bild die Baulichkeiten des Schullandheims

Klosterlandschaft Oberschönenfeld

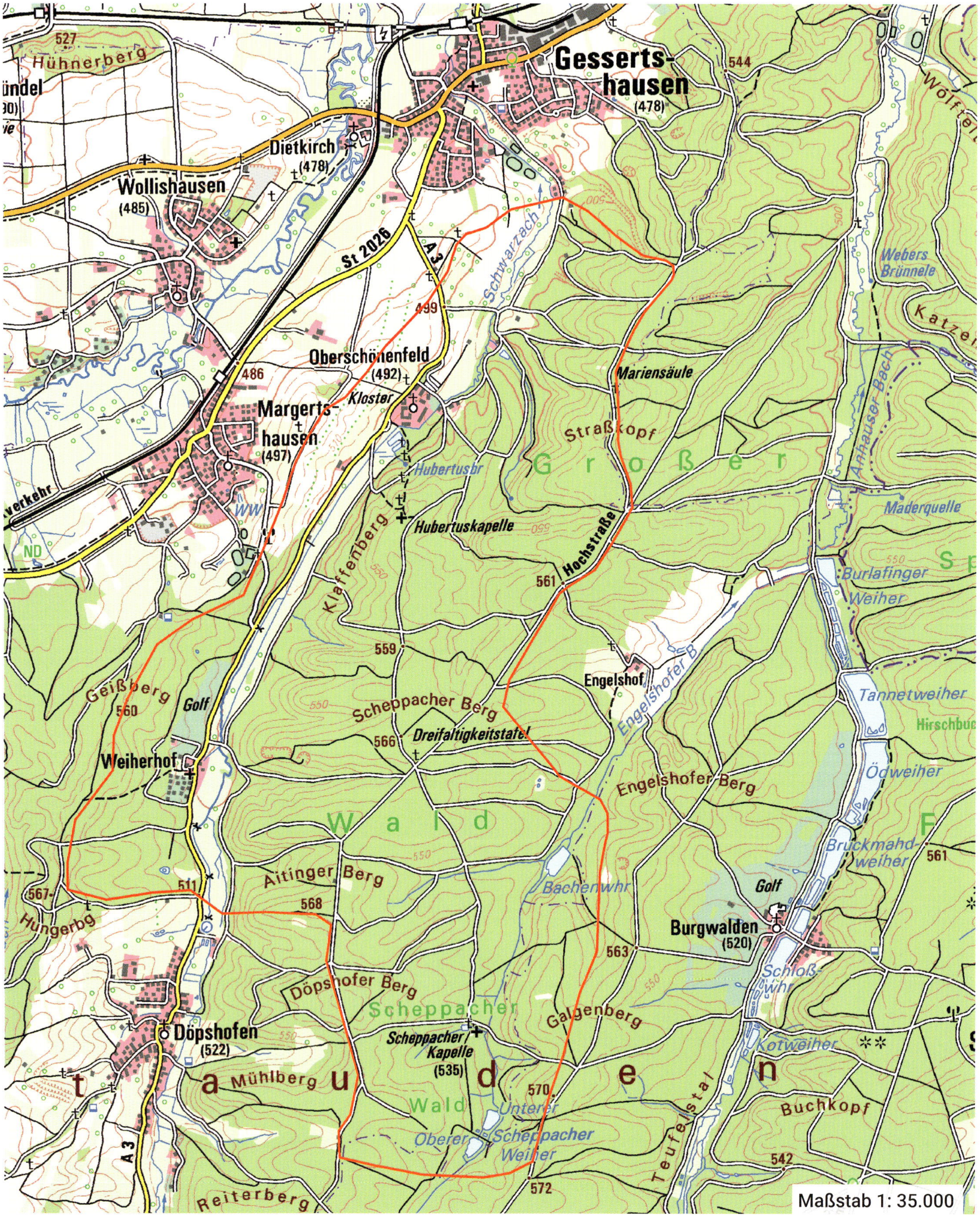

Eingebettet in die abwechslungsreiche Kulturlandschaft der „Stauden“ im Südwesten von Augsburg verkörpert die Zisterzienserinnenabtei Oberschönenfeld mit ihrem Umfeld in vielfältiger und eindrucksvoller Weise eine historisch geprägte Klosterlandschaft inmitten des Naturparks Augsburg-Westliche Wälder.

Typisch für die mittelalterliche Zisterze ist die einsame Lage abseits von belebten Verkehrswegen in einem bis heute unverbauten Tal an einem Fließgewässer, eingerahmt von Wiesen und Feldern, umsäumt von Wäldern. An dieser Situation hat sich trotz des rasanten Strukturwandels und der regen Bautätigkeit in den Nachbardörfern bislang wenig geändert.

Oben: Die agrarisch genutzte Landschaft ist mit Baumreihen und Hecken naturnah gestaltet. Im Mittelgrund rechts die Klosteranlage
Unten: Abtei der Zisterzienserinnen mit Volkskundemuseum und Naturparkhaus in Oberschönenfeld. Die Bauwerke des 18. Jahrhunderts bilden nach umfassender Sanierung ein denkmalgeschütztes Ensemble.

Die Anfänge gehen auf eine Gemeinschaft frommer Frauen zurück, die sich um 1200 im einsamen Schwarzachtal zur gemeinsamen Lebensführung zusammengefunden haben und denen 1248 die Privilegien des Zisterzienserordens verliehen wurden. Adelige des Umlandes gewährten ihnen Güter und Abgaben, sodass unter der Oberhoheit des Bischofs ein bedeutendes Kloster heranwuchs. Die erste Kirche wurde 1262 geweiht. Nach schwierigen Zeiten der Reformation und des 30-jährigen Krieges wurden in der Barockzeit die Klosterkirche und die heutigen Klosterbauten errichtet (1718–1771).

Die Aufhebung im Rahmen der Säkularisation traf auch Oberschönenfeld, doch durften die Nonnen zusammenbleiben und erhielten 1836 von König Ludwig I. die Genehmigung zum Fortbestand. Die Weiternutzung der Ökonomiebauten bewahrte Oberschönenfeld vor einschneidenden Veränderungen. Mit dem Wandel der ökonomischen Strukturen nach 1960 gaben

Oben: Blick vom Klosterhof auf Kirche und Konventbau, rechts im Bild das Gebäude der ehemaligen Brauerei, heute Buch- und Kunsthandlung, das Gebäude am linken Bildrand beherbergt die Museumsverwaltung.
Unten: Zisterzienserinnen beim Gebet in der Hauskapelle

Das Volkskundemuseum präsentiert die Lebensweise der vorindustriellen Zeit und zahlreiche Sonderausstellungen.

Die Vielfalt des Naturparks Augsburg-Westliche Wälder kann man in Ausstellungen und Vorträgen kennenlernen.

die Schwestern die Landwirtschaft auf und verpachteten die Gebäude und die Nutzflächen an den Bezirk Schwaben.
Das historisch-geographische Erbe mit allen charakteristischen Merkmalen wurde durch umfassende Sanierungsmaßnahmen (1974–2003) erhalten und mit neuen Funktionen erfüllt. In den ehemaligen Ökonomiebauten sind heute die Klosterbäckerei, das Gasthaus, das Naturparkhaus und das Schwäbische Volkskundemuseum untergebracht. Sehenswerte Ausstellungen und abwechslungsreiche Begleitprogramme ziehen das ganze Jahr über Besucher an.
Eine Besonderheit im Umfeld ist das strohgedeckte Staudenhaus. Es stand ursprünglich im benachbarten Dorf Döpshofen und wurde als markanter Haustyp der Staudenlandschaft versetzt. Als Museum vermittelt es mit seiner historischen Einrichtung ein ganzheitliches Bild vom Wohnen und Arbeiten einer kleinbäuerlichen Familie unter einem Dach.

Das strohgedeckte Kleinbauernhaus von Döpshofen wurde nach Oberschönenfeld an das Ufer der Schwarzach versetzt. Leider wurde die Uferzone in jüngster Zeit mit der Neugestaltung des Spielplatzes erheblich verändert.

Die agrarische Nutzung des ca. 100 Hektar großen Klostergutes orientiert sich wieder an einer naturnahen Bewirtschaftung mit Wiesen in der Bachaue, Ackerbau auf den Lehmböden der flachen Hänge und Wald auf den Höhenrücken. Die Nutzflächen durchzieht ein Netz von Biotopen mit Hecken, Bäumen und Streuobstwiesen, die als ökologisches Verbundsystem das Landschaftsbild bereichern und vielseitige Lebensräume für Tiere und Pflanzen bieten. Mit einem kleinen Weiher ist noch ein wesentliches Element der Klosterlandschaft erhalten. Einstmals reihte sich eine Kette von Teichen im Schwarzachtal aneinander. Fische waren eine Hauptspeise des Klosters und wurden für den Eigenbedarf erzeugt. Zeugnisse der Teichwirtschaft sind die Scheppacher Weiher der Kulturlandschaft.

Das gesamte Areal ist als Landschaftsschutzgebiet ausgewiesen und als Ensemble in die Denkmalliste eingetragen.
Die historische Klosteranlage mit dem lebendigen Frauenkloster und vielseitigen Museumsangebot bildet mit dem eng verzahnten Mosaik von Feldern, Wiesen, Wegen, Gewässern und Wäldern eine einzigartige Klosterlandschaft, in der man die enge Verbindung von Natur und kultureller Gestaltung eindrucksvoll ablesen kann.
Auf einem Meditationsweg vom Kloster zum Weiherhof kann man die spirituelle Dimension erleben. Abtei, Bezirk Schwaben und Landkreis Augsburg sind gemeinsam verpflichtet, das natürliche, geschichtliche und geistige Erbe zu bewahren.

Die Klosteranlage Oberschönenfeld ist eingebettet in eine naturnahe, historisch geprägte Kulturlandschaft.

Ein Flurkreuz inmitten der vielseitig genutzten und gepflegten Kulturlandschaft mit ökologischen und kulturellen Werten

Unten links: Der Klosterweiher. Er war früher wichtig für die Fischzucht. Unten rechts: Auf dem Meditationsweg vom Kloster zur Kapelle beim Weiherhof laden die Texte auf 12 Holzstelen zur Besinnung und Entspannung ein.

Kammeltal zwischen Neuburg und Wettenhausen

Einen charakteristischen Ausschnitt der mittelschwäbischen Terrassenlandschaft auf der Iller-Mindel-Platte bildet das Kammeltal zwischen Neuburg und Wettenhausen. Den weitgehend von Grünland eingenommenen Talboden durchfließt die lebhaft gewundene Kammel. 50 bis 60 m höher verlaufen beiderseits waldbestandene Höhenrücken, die mit altpleistozänen Schottern bedeckt sind. Die flachen Hänge werden abschnittsweise von Terrassen gegliedert, auf denen die Siedlungen mit den Ackerflächen hochwassersichere Standorte haben.

Obgleich die Vielfalt der historischen Bauern- und Handwerkerhäuser durch den wirtschaftlichen Wandel großenteils verschwunden ist, haben sich in Behlingen, Edelstetten, Langenhaslach, Neuburg, Unterrohr und Wettenhausen noch ortsbildprägende Bauwerke erhalten. Dominierend ist die weithin sichtbare Schlossanlage über dem Markt Neuburg. Eine Burg wird bereits im 13. Jahrhundert erwähnt. Den Ansitz erwarb mit dem darunter liegenden Markt nach mehrfachem Besitzwechsel 1524 die Kaufmannsfamilie Vöhlin aus Memmingen. Sie behielten Ihn bis zu ihrem Erlöschen 1816. In diesem Zeitraum wurde die Schlossanlage mehrfach umgebaut und erweitert. Heute dienen die renovierten Baulichkeiten gastronomischen und kulturellen Zwecken.

Am Fuß des Schlossberges hat sich ein ländlicher Marktort entwickelt, der inzwischen weit über die Niederungen des Kammeltales hinaus gewachsen ist. Neben der sehenswerten Kirche Mariä Himmelfahrt bilden das Pfarrhaus und mehrere stattliche Bürgerhäuser den historischen Ortskern.

Auf die Siedlungsgunst des Gebietes weisen zahlreiche archäologische Denkmäler hin. Mehrere Grabhügelgruppen auf dem Höhenrücken oberhalb von Langenhaslach und Edelstetten sind Zeugnisse der vorgeschichtlichen Zeit, ein Burgstall auf einem Geländesporn erinnert an einen mittelalterlichen Herrschaftssitz.

Blick über den Markt Neuburg mit der beherrschenden Schlossanlage. Neben der sehenswerten Kirche Mariä Himmelfahrt prägen das Pfarrhaus und stattliche Bürgerhäuser den historischen Ortskern.

Schloss Edelstetten (1682–1705), ehemals Damenstift mit Klosterkirche, seit der Säkularisation 1803 Schloss und Pfarrkirche

Auf einer Anhöhe über dem Haselbach, einem Nebental der Kammel, und dem Dorf Edelstetten erhebt sich die imposante Anlage eines ehemaligen Frauenklosters mit einer prächtig ausgestatteten barocken Stiftskirche und einem dreiflügeligen Konventbau, der nach Plänen des einheimischen Baumeisters Simpert Kraemer von 1682 bis 1705 errichtet wurde. Als Veranstaltungsort des Vereins „Schwäbisches Literaturschloss Edelstetten“ besitzt er eine überregionale kulturelle Ausstrahlung.

Einen anschaulichen Blick in die Arbeitswelt eines ländlichen Handwerks vermittelt die museale Erhaltung einer Hammerschmiede am Ortsrand des Weilers Naichen.

Hammerschmiede im Weiler Naichen, Standort eines typischen ländlichen Handwerks bis 1980, seitdem Museum des Bezirks Schwaben
Rechts: Stauwehr und Turbinenanlage an der Kammel für die Stromgewinnung der Hammerschmiede

Blick von Südost auf Kloster und Dorf Wettenhausen, die ausgedehnte barocke Anlage wird mit den ehemaligen Nebengebäuden für das Kloster der Dominikanerinnen, für Schule und Verwaltung genutzt.

Zehn Kilometer talabwärts breitet sich auf der westlichen Terrasse das „Denkmalensemble Kloster und Dorf Wettenhausen“ aus. Es umfasst die ehemalige Stifts- und jetzige Pfarrkirche des 17. Jahrhunderts mit dem schlossartig gestalteten Konventbau und den stattlichen Wirtschaftsgebäuden des 1130 gegründeten Augustinerchorherrenstiftes sowie die Bebauung der Dorfstraße auf der Westseite des Klosterbezirks. Die repräsentative Gestaltung und die Ausstattung der Baulichkeiten mit großartigen Stuckaturen bezeugen den Status der Reichsunmittelbarkeit des Stifts, das 60 Jahre nach der Säkularisation (1863) als Dominikanerinnenkloster wiederbelebt wurde. Derzeit kümmert sich eine Entwicklungsgesellschaft um ein Nutzungskonzept als Tagungsort für Religion, Bildung, Kultur und als Standort für ein Klostermuseum.
Längs der Straße ordnen sich Giebelhäuser in die offene Bebauung ein, darunter auch die ehemaligen Amts- und Gerichtsgebäude der klösterlichen Verwaltung. Durch das schulische und pädagogische Wirken der Dominikanerinnen hat das Kloster Wettenhausen eine weite Ausstrahlung in der schwäbischen Bildungsgeschichte. Landschaftsprägende Wirkung im klösterlichen Umfeld geht von zahlreichen Kapellen, Bildstöcken und Feldkreuzen aus.

Feldkapelle bei Wettenhausen

Das Kammeltal vermittelt ein anschauliches Bild von der Kulturlandschaft. Der Fluss wird von Gehölzstreifen begleitet, Äcker und Wiesen bedecken die unteren Hänge, Wald breitet sich auf dem Höhenzug aus. Rechts: Bildstock mit Heiligendarstellung

Unten: Blick über das Kammeltal von Neuburg (rechts) über Langenhaslach (Mitte) bis Naichen (links). Beiderseits begleiten waldbedeckte Höhenrücken das breite Flusstal.

Mäander der Kammel und Altwassertümpel. Die naturnahen Strukturen wurden vom Amt für Ländliche Entwicklung in enger Zusammenarbeit mit Naturschutz, Wasserwirtschaft und Landwirtschaft in der historisch geprägten Kulturlandschaft abschnittweise wiederhergestellt.

Die Erhaltung und Neugestaltung des naturnahen Talraumes der Kammel war ein wesentliches Ziel im Rahmen der ländlichen Entwicklung. Auf einer Länge von ca. 20 Kilometern wurden erhebliche Flächen ökologisch umgestaltet, Altwasserarme und Tümpel angelegt, Ufergehölze und Staudenfluren gepflanzt. In einer Streuobstanlage mit mehr als 100 standorttypischen Bäumen hat sich eine Vielfalt an Flora und Fauna ausgebreitet. Insgesamt ist neben der verbesserten Gewässerlandschaft eine breite Palette von miteinander vernetzten Biotopen entstanden, die Lebensräume für gefährdete Tiere und Pflanzen bieten. In das Pflege- und Nutzungskonzept sind die örtlichen Landwirte eingebunden.

Impressionen vom Kammelfluss mit Wiesenraute und Silberreiher

Oberhausen
Hausen
Stoffenried
Sausenthal
Unterwiesenbach
Gde Wiesenbach
Oberwiesenbach
Oberegg
Unterbleichen
Oberbleichen
Hochberg
Unteregg
Wolfsberg
Forst
Hart
Unter-reichenbach
Biberachzell
Hungerberg
Oberreichenbach
Schloßberg
Asch
Schießen
Hasenbg
Biberach
Schleebuch
Schwellenbg
Roggenburg
Ingstetten
Unterroggenburger
Tannenwald
Meßhofen
Wannenberg
Eichbühel
Langenthal
Saukopf
Wald
Deisenhausen
Kiesberg
Glaserhof
Jakobs stiftungsholz
Kreuzberg
Rennertshofen
Engenhof
Nordholz
Ebersbach
Eichholz
Kugelbg
Breitenthal
Nattenhausen
Friesenhofer Berg
Christertshofen
Oberroggenburger
Oberried
Gangwalden
Bad Oberrieder Weiher
Seifertshofen
Ritzisried
Waldeichenbach
Ziegelwald
Flüssen
Tafertshofen
Brand
Zaiertshofen
Ebershausen
Rote Schlucht
Riedmühle
Maßstab 1: 50.000

Kloster Roggenburg und Umgebung

Roggenburg, Prämonstratenserkloster und Dorf inmitten einer abwechslungsreichen Kulturlandschaft mit Wald, Ackerland und Weiher

Roggenburg, Klosteranlage von Süden mit Streuobstwiesen im Umfeld

Kloster Roggenburg, Ostflügel der Stiftsgebäude, Prälatur, ca. 1750

Eingerahmt von Wiesen, Feldern und bewaldeten Hügeln bildet die spätbarocke Klosteranlage mit der doppeltürmigen Kirche einen Akzent in der ausgeglichenen mittelschwäbischen Landschaft. Das repräsentative Erscheinungsbild mit Walmdächern und Eckpavillons ist ein Spiegelbild für die Blütezeit der Reichsabtei im 18. Jahrhundert. Als Prämonstratenserkloster 1126 gegründet, erlebte es eine sehr wechselhafte Geschichte. Hauptaufgabe war neben Gottesdienst und Gebet die Seelsorge für elf Pfarreien im Umland. Bildung, Wissenschaft und Musikpflege wirkten weit über den Klosterstaat hinaus, der bei der Säkularisation 1802 ca. 3000 Einwohner umfasste.
Für den Bau der Stiftskirche und der Konventanlage 1732 bis 1766 waren unter Leitung der Baumeister Simpert und Johann Martin Kraemer aus Edelstetten erstrangige Künstler aus dem nahen Umfeld beschäftigt. Beachtliche Kirchen des 17./18. Jahrhunderts, Feld- und Wegkapellen, Steinkreuze und Bildstöcke dokumentieren bis heute die religiöse und landschaftsprägende Wirksamkeit des Klosters. Die historischen Baulichkeiten blieben durch die Verwendung für Gemeindeverwaltung, Schule, Forstamt und Altenheim in großen Teilen erhalten.
1982 ist wieder klösterliches Leben mit der Übersiedlung der Prämonstratensermönche des Klosters Windberg eingekehrt. Seitdem wurden die Baulichkeiten hervorragend restauriert und durch Neubauten für ein Zentrum für Familie, Umwelt und Kultur ergänzt. Im Klostermuseum ist die reichhaltige Klostergeschichte mit sehenswerten Objekten dokumentiert. Ein vielseitiges Programm für Schulen und Gruppen ergänzt mit Ausstellungen und Konzerten das Angebot. Zur bedeutsamen Kulturlandschaft gehören im Umfeld der ausgedehnte Roggenburger Wald, einige Weiher und mehrere Landschaftsschutzgebiete als abwechslungsreiche Ziele für Wanderer und Radfahrer.

Klostergarten, nach barockem Vorbild gestaltet

Der Klosterweiher in der Senke des Bibertales diente zur Versorgung mit Fischen.

Blick vom Dorf Ingstetten auf die Doppeltürme der Klosterkirche Roggenburg

Stoffenried. Den Dorfweiher umrahmen Pfarrkirche und Pfarrhaus (rechts) und museal eingerichtete Gebäude der Kreisheimatstube (Hintergrund).

Die Siedlungsstruktur der ehemaligen Klosterlandschaft mit Dörfern und Weilern ist gut erhalten. Einen besonderen Stellenwert besitzt das Dorf Stoffenried an der nördlichen Grenze der bedeutsamen Kulturlandschaft. Prägendes Element in der Dorfmitte ist neben der Pfarrkirche St. Ägidius und dem stattlichen Pfarrhaus der Dorfweiher. Vier Anwesen unterschiedlicher Größe und Bauweise dokumentieren als „Kreisheimatstube" das Wohnen und Arbeiten der Kleinbauern und Handwerker bis zur Mitte des 20. Jahrhunderts. Drei Gebäude wurden von benachbarten Dörfern aus Denkmalschutzgründen transferiert. Das Ensemble besitzt eine hohe volkskundliche und baugeschichtliche Bedeutung.

Bauernhaus mit Fachwerkgiebel, 18. Jh., ehemaliger Standort Oberwiesenbach

Stoffenried, Handwerkerhaus mit langgestrecktem Gebäude einer Seilerei
Rechts: Stoffenried, ehemaliges Bauernhaus, Massivbau 1875 mit gemauertem Ortgang, heute Museumsobjekt

Augsburger Stadtwald

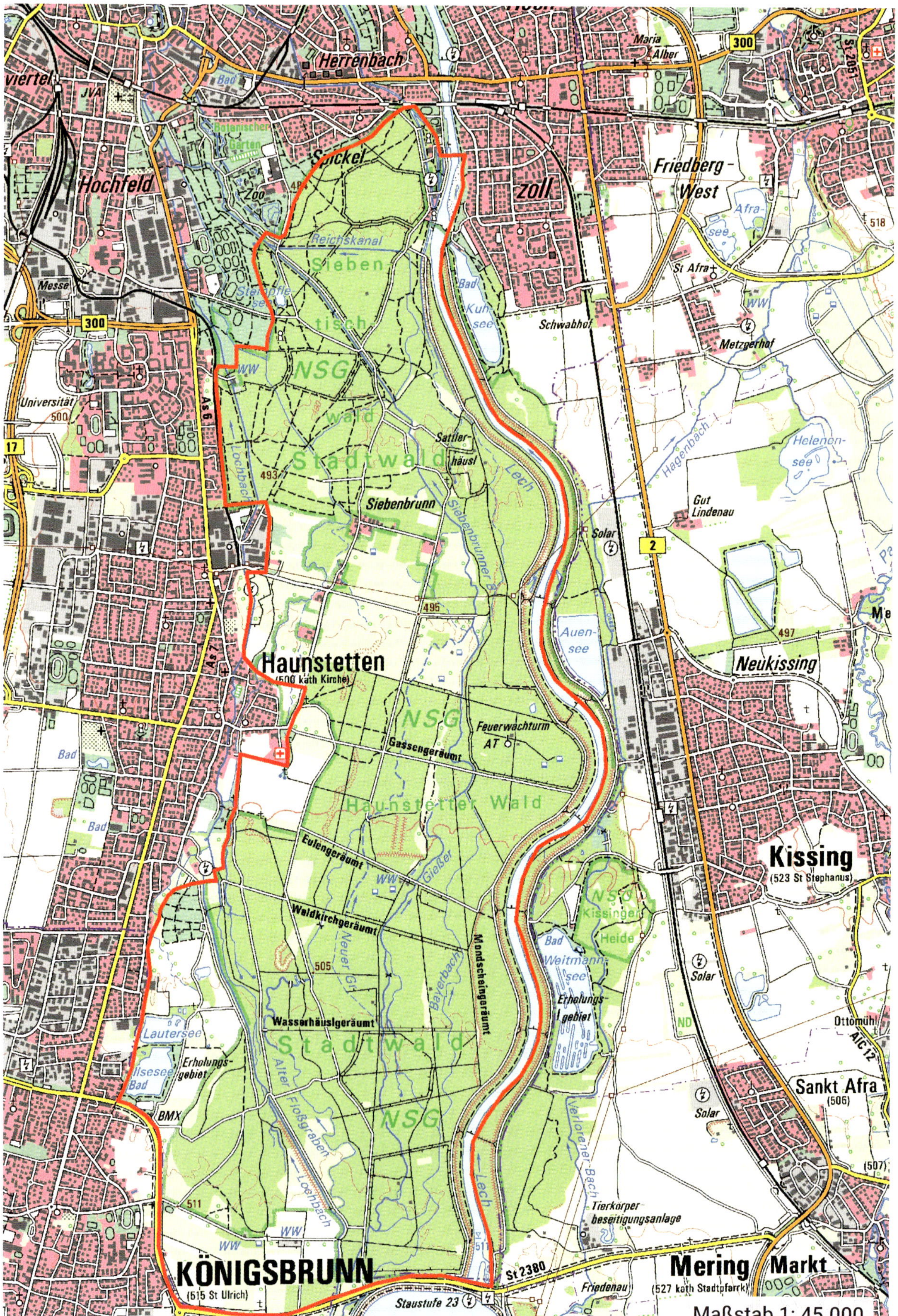

Blick über den Stadtwald von Südosten auf die Silhouette der Stadt Augsburg

Der Augsburger Stadtwald ist mit 2175 Hektar das größte außeralpine Naturschutzgebiet Schwabens. Er weist einen hohen Artenreichtum an Flora und Fauna auf und bildet mit einem Netz von Quellbächen und Kanälen, blütenreichen Wiesen und Heiden, unterschiedlichen Waldtypen und vielen Kilometern an Wander- und Radwegen eine abwechslungsreiche Kulturlandschaft. Er gliedert sich in den stadtnahen „Siebentischwald“ mit parkartigem Charakter und den südlich gelegenen „Haunstetter Wald“ mit ökologisch besonders wertvollen Wald- und Heideflächen. Die Grenzen der bedeutsamen Kulturlandschaft sind weitgehend identisch mit dem Naturschutzgebiet. Der Stadtwald ist darüber hinaus ein NATURA-2000-Gebiet im Sinne der europäischen Fauna-Flora-Habitat-Richtlinie.

Als Trinkwasserschutzgebiet hat der Stadtwald einen besonderen Stellenwert. Infotafeln veranschaulichen ökologische und historische Zusammenhänge an zahlreichen Standorten.

Am Rande des Schutzgebietes haben im Siebentischpark der Botanische Garten und der Zoo der Stadt Augsburg ihren idealen Standort. Als Besonderheit hat sich der Weiler Siebenbrunn entwickelt, der auf eine kleine Siedlung am Südrand des Siebentischwaldes aus der Zeit um 1800 zurückgeht.

Laubbäume und Feldgehölze können sich auf den Freiflächen entfalten.

Kiefern sind auf den nährstoffarmen Kiesböden die dominierende Baumart.

Lech früher

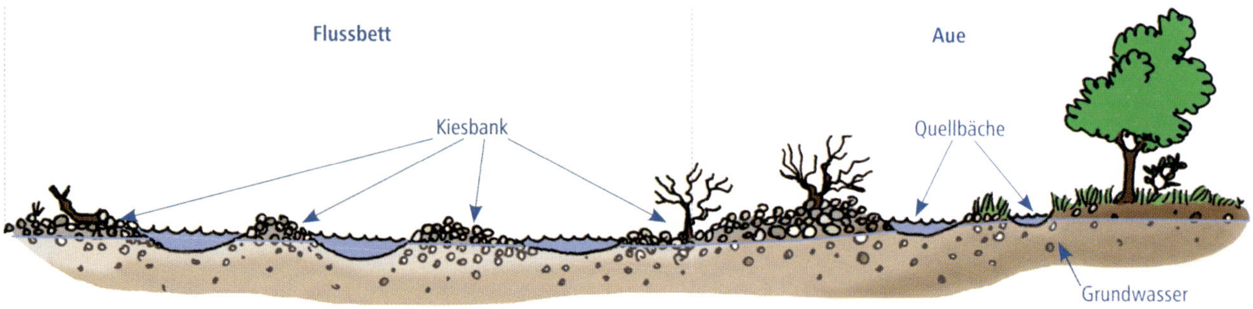

Lech heute

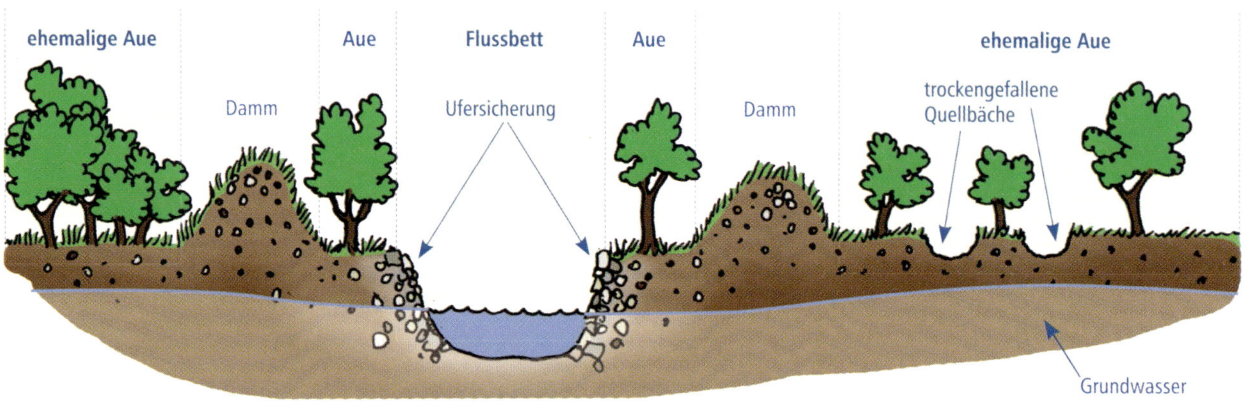

Nach der Begradigung des Lechs hat sich das Flussbett immer tiefer eingeschnitten. Dies führte zu einer Absenkung des Grundwasserspiegels und zur Austrocknung einiger Quellbäche. Umso wichtiger ist deren Erhaltung und Pflege. (Quelle: Nicola Liebig, Unsere Bäche und Kanäle. 2017)

Ausgangspunkt für die naturräumliche Ausstattung war die voralpine Wildflusslandschaft des Lechs mit eiszeitlichen Schottern im Untergrund. Darauf hat sich ein Mosaik unterschiedlicher Lebensräume wie Auwald, Quellfluren, Magerrasen, Heideflächen, Kiefernwälder, Kies- und Sandbänke ausgebreitet. In dem großen Artenreichtum der Heideflächen mit seltenen Pflanzen spiegeln sich die Landschaftsgeschichte, die Rolle des Lech als Biotopbrücke zwischen Alpen und Donau und vor allem die jahrhundertealte Nutzung als Weidefläche. In der Kulturlandschaft haben sich in der Nachfolge der Flusslandschaft Grauerlen-Niederwald, lichte Kiefernwälder, verschiedene Strauchgesellschaften, Heiden und Flachmoore sowie ein verzweigtes Netz von Bächen entwickelt.

Deren Erhaltung ist eine wichtige naturschutzfachliche Aufgabe, die durch Pflegemaßnahmen und eine naturnahe Flussrenaturierung umgesetzt werden soll. Eine wichtige Rolle spielt dabei der Landschaftspflegeverband. Ein wesentliches Anliegen des Projektes „Licca liber" ist neben der Stabilisierung der Flusssohle die enge Vernetzung von Wald und Offenland.

Zusammenfluss von Quellwasser (rechts) und Lechkanal

Artenreiche Flora entfaltet sich im Sommer auf den Heideflächen.

Der Wanderschäfer zieht mit seiner Herde zwischen Mai und September dreimal über die Heideflächen.

Für die Entstehung und Erhaltung der Kulturlandschaft spielt die Beweidung eine wichtige Rolle. Neben Rindern und Pferden gehören dazu die Schafherden. In der Blütezeit der Wanderschäferei im 19. Jahrhundert wurden auf dem Augsburger Wollmarkt jährlich bis zu 100 Tonnen Schafwolle umgesetzt. Heute leistet der Wanderschäfer mit seiner Herde einen wichtigen Beitrag zur Erhaltung des Magerrasens und der Artenvielfalt. Die vom Grundwasser gespeisten Wasserläufe spielten seit dem Mittelalter für die Wasserversorgung und die gewerbliche Nutzung bis hin zur Industrialisierung für die Stadt Augsburg eine wichtige Rolle. Einzigartige Zeugnisse der Wasserwirtschaft wie Brunnen, Quelltöpfe, Kanäle vom Lechwehr (Hochablass) am Fluss bis zu den Wassertürmen in der Stadt weisen auf die Bedeutung des Lechs und des 70 Kilometer umfassendes Netzes von Fließgewässern für die Stadtentwicklung hin. Auch die berühmten Prachtbrunnen wurden mit dem Wasser aus den Quellbächen versorgt. Mit Recht sind die herausragenden Zeugnisse der Wasserwirtschaft der Stadt Augsburg als UNESCO-Welterbe anerkannt worden.

Heute erfüllt der Stadtwald darüber hinaus wichtige Funktionen für die Naherholung und für sportliche Aktivitäten. In Verbindung mit der Sportanlage Süd haben der Klettercampus des Deutschen Alpenvereins und das Kanu-Leistungszentrum ihren idealen Standort.

Unten links: Der idyllische Stempflesee ist ein beliebtes Ausflugsziel im Stadtwald. Er ist in einer ehemaligen Kiesgrube durch Abdichtung des Bodens mit Lehm und Ton entstanden.
Unten rechts: Hochablass am Lech. Er ist als Ausleitungsbauwerk für die Lechkanäle im Mittelalter für die Wasserversorgung der Stadt Augsburg entstanden und mehrfach ergänzt worden. Nach der Zerstörung bei einem Hochwasser 1910 baute man eine Stahlkonstruktion mit einer Brücke für Fußgänger. Links ist ein Teil des Kuhsees zu sehen.

Ecknachtal zwischen Tödtenried und Klingen

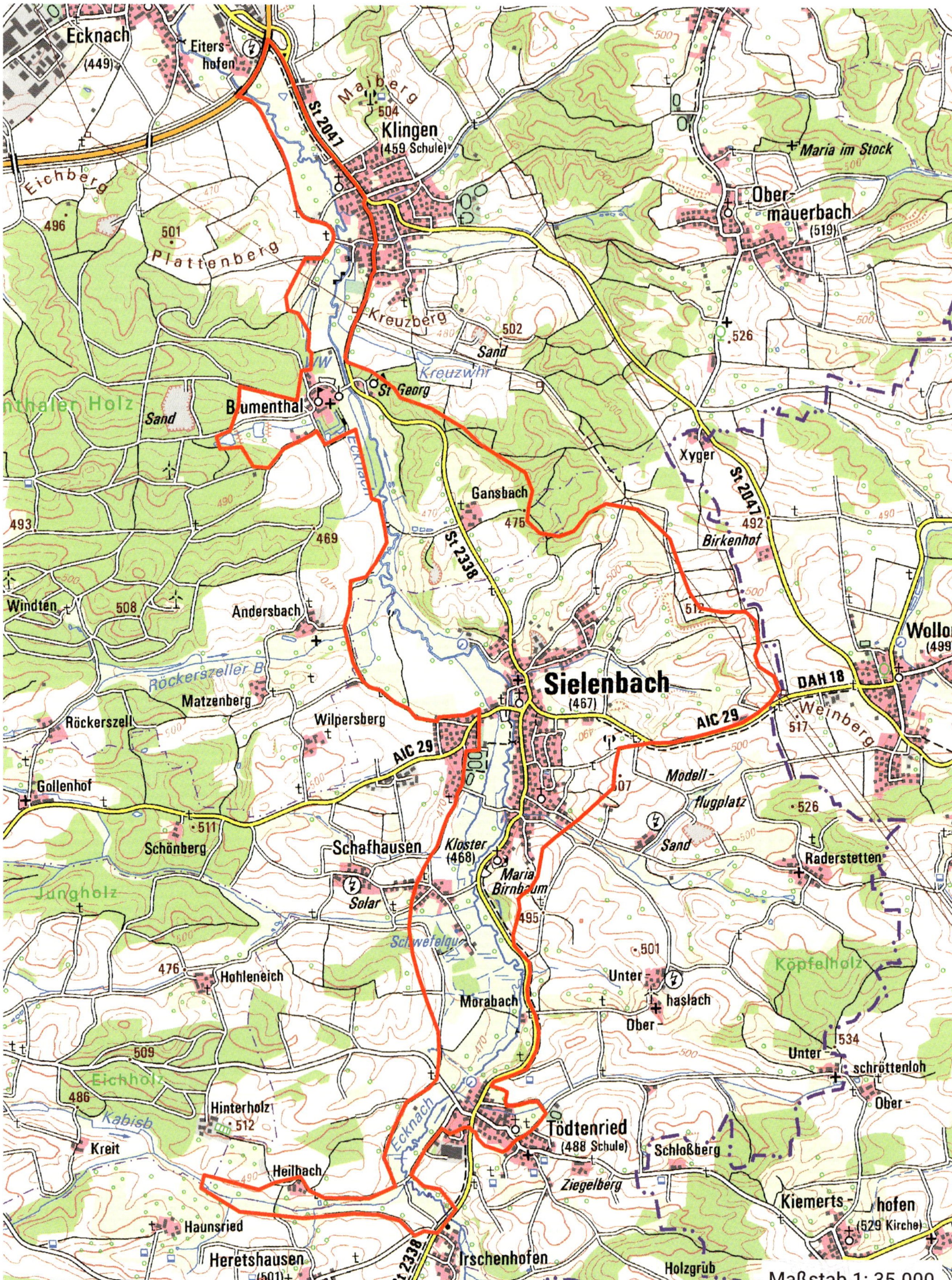

In zahlreichen Mäanderschlingen fließt die Ecknach an der Wallfahrtskirche Maria Birnbaum und am Dorf Sielenbach vorbei. Ihr Talboden ist noch heute weitgehend frei von intensiver Nutzung.

Die Ecknach ist ein kleiner Fluss im Landkreis Aichach-Friedberg, der südlich von Adelzhausen entspringt, danach die Gemeinde Sielenbach durchfließt und schließlich am Stadtrand von Aichach in die Paar mündet, die ihr Wasser der Donau zuführt. Sie ist eingebettet in eine Landschaft, die geprägt ist von sanftwelligen Hügeln und Höhenrücken, von Äckern, Wiesen und Wäldern, von einer abwechslungsreichen Siedlungsstruktur aus Dörfern, Weilern und Einzelhöfen sowie von eindrucksvollen Bauwerken und vielfältigen Kulturlandschaftselementen. Eine markante Besonderheit des Tales ist seine asymmetrische Form mit flachen, nach Osten geneigten Hängen und steileren westexponierten Hanglagen, die sich während der Eiszeiten herausgebildet haben.

Der geologische Untergrund des Gebietes zwischen Augsburg und München besteht hauptsächlich aus quarzhaltigem Sand, Kies, Mergel und Ton. Diese sogenannte Molasse wurde vorwiegend während des jüngeren Tertiärs (vor ca. 16 bis 12 Millionen Jahren) abgelagert, weshalb diese Landschaft auch als Tertiärhügelland bezeichnet wird. Stellenweise überdeckt sind diese Sedimentschichten von fruchtbarem Löss bzw. Lösslehm, der eine intensive landwirtschaftliche Nutzung erlaubt. In den Talauen der Flüsse und Bäche finden sich demgegenüber feuchte, zuweilen anmoorige Böden, die durch Entwässerungsmaßnahmen mittlerweile jedoch weitgehend trockengelegt sind. Im Flussgebiet der Ecknach allerdings haben sich bis heute zusammenhängende Feuchtwiesen erhalten.

Das Tal der Ecknach erstreckt sich über eine Länge von etwa 15 Kilometern in Süd-Nord-Richtung. Im oberen Viertel ist sie begradigt, danach schlängelt sie sich in zahllosen Windungen durch einen sich öffnenden Talgrund vorbei an Feuchtwiesen, Gehölzgruppen, Röhrichtbeständen und ein paar Auwaldresten. Mit seinen vielen Mäanderschlingen bringt es der Fluss auf eine Gesamtlänge von rund 20 Kilometern.

Während sich die größeren Dörfer entlang der Ecknach aufreihen, sind die Weiler und Einzelhöfe eher auf den anrainenden Anhöhen situiert. Die Überschwemmungszonen des Talbodens blieben dagegen über viele Jahrhunderte hinweg unbesiedelt.

Ein bedeutendes Geschichtszeugnis im Ecknachtal: die ehemalige Deutschordenskommende Blumenthal

Artenreiche Feuchtwiese im Talboden der Ecknach; im Hintergrund die Pfarrkirche von Sielenbach

Die Wallfahrtskirche Maria Birnbaum wird seit 1999 wieder vom Deutschen Orden betreut.

In manchen Dörfern des Ecknachtales - wie hier in Klingen - haben sich Pfarrhöfe des 18. Jahrhunderts erhalten.

Das Sägewerk in Sielenbach erinnert an die einstmals zahlreichen Mühlen im Ecknachtal.

Ein günstiges Klima und fruchtbare Böden führten zu frühzeitiger land- und forstwirtschaftlicher Nutzung. Die ältesten menschlichen Spuren reichen rund 10.000 Jahre, also bis in die Mittelsteinzeit, zurück. Aus den nachfolgenden Epochen der Vorgeschichte lassen sich mehrfach Spuren menschlicher Nutzung und Besiedlung nachweisen. Aber auch im Zuge der mittelalterlichen Landnahme war das Ecknachtal ein Gunstraum. Von den ersten vier urkundlich erwähnten Orten des heutigen Landkreises liegen zwei an diesem Fluss, nämlich Adelzhausen (Erstnennung 782) am Oberlauf und Ecknach (817) an der Mündung. Weltliche und geistliche Grundherren, darunter insbesondere Klöster sowie das Domkapitel Augsburg, trieben die weitere Erschließung des Raumes voran. An die längst erloschenen örtlichen Adelsgeschlechter erinnern nur noch wenige Relikte (z. B. Wallanlage bei Burgadelzhausen, Reste eines Burggrabens bei Schafhausen).

Mit der Gründung der Deutschordenskommende Blumenthal am Ufer der Ecknach bildete sich ab dem 13. Jahrhundert ein neuer Herrschaftsträger heraus, der zum bedeutendsten Grundbesitzer im gesamten Talraum heranwuchs. Das denkmalgeschützte Gebäudeensemble wurde nach der Säkularisation von der Adelslinie Fugger-Glött übernommen und 2007 schließlich von mehreren Familien erworben, die es seither nach den Grundsätzen der ökologischen und sozialen Nachhaltigkeit bewirtschaften.

Die jahrhundertelange kirchliche Prägung des Ecknachtales schlug sich in einer tief verwurzelten katholischen Volksfrömmigkeit nieder. Hiervon zeugen die zahlreichen Hof- und Feldkapellen, Flurkreuze, Bildstöcke und Marterln, die bis heute die Landschaft durchziehen. Außerdem haben in mehreren Dörfern (Adelzhausen, Heretshausen, Klingen, Tödtenried) stattliche Pfarrhäuser aus dem 18. Jahrhundert den Wandel der Zeit überdauert. Hinzu kommen einige herausragende Kirchenbauten. Zu nennen ist in erster Linie die von 1661 bis 1668 vom Komtur von Blumenthal erbaute Wallfahrtskirche Maria Birnbaum in Sielenbach, die als einer der ersten barocken Zentralbauten nördlich der Alpen gilt. Nur wenige Jahre später (1681) wurde zudem bei Adelzhausen das Wallfahrtskirchlein St. Salvator errichtet, das durch seine Lage direkt neben der Autobahn A8 ebenfalls ein weithin bekanntes Baudenkmal im Landkreis Aichach-Friedberg bildet.

Das Ecknachtal war bis in die zweite Hälfte des 20. Jahrhunderts vornehmlich von bäuerlicher Landwirtschaft geprägt. Trotz umfangreicher Maßnahmen der Flurneuordnung sind in der Kulturlandschaft noch reichlich Zeugnisse des historischen Feldbaus, insbesondere Ackerterrassen, Raine, Heckenstreifen und Flurwege, zu finden. Die einstigen Fußwege sind dagegen meist verschwunden. Erhalten sind dagegen Reste der Römerstraße, die als einzige überregionale Altstraße das Ecknachtal querte. Im Mittelalter und in der frühen Neuzeit wurde auf dieser Route Schlachtvieh von Ungarn nach Augsburg getrieben, weshalb sie als „Ochsenweg" bezeichnet wird. Im Bereich des landschaftsprägenden Gewerbes sind vor allem die zahlreichen Mühlen zu nennen, die sich entlang des Flusses aneinanderreihten. Einstige Sand- und Mergelgruben sowie die vormaligen Eisweiher der örtlichen Brauereien sind demgegenüber weitgehend aufgelassen.

Im Jahr 1999 wurde das Projekt Ecknachtal im landesweiten Biotopverbund „BayernNetzNatur" ins Leben gerufen. Die anrainenden Gemeinden haben sich dabei zusammen mit Behörden, Verbänden und Grundeigentümern das Ziel gesetzt, die Talaue der Ecknach mit ihren Naturgütern zu erhalten und ökologisch aufzuwerten. Dabei ist es gelungen, Flächen im Gesamtumfang von gut 35 Hektar für die Projektanliegen zu sichern, etwa um Pufferstreifen entlang der Gewässer anzulegen. In jüngster Zeit jedoch gefährdet der Nutzungsdruck durch die Intensivierung der Landwirtschaft (v. a. Mastbetriebe, Biogasanlagen, Maisanbau) die Bemühungen zur Stärkung der biologischen und kulturlandschaftlichen Vielfalt des Ecknachtales.

Der Talboden der Ecknach – hier bei Schafhausen – wird seit Jahrhunderten durch Grünlandwirtschaft genutzt.

Erholungslandschaft Bad Wörishofen

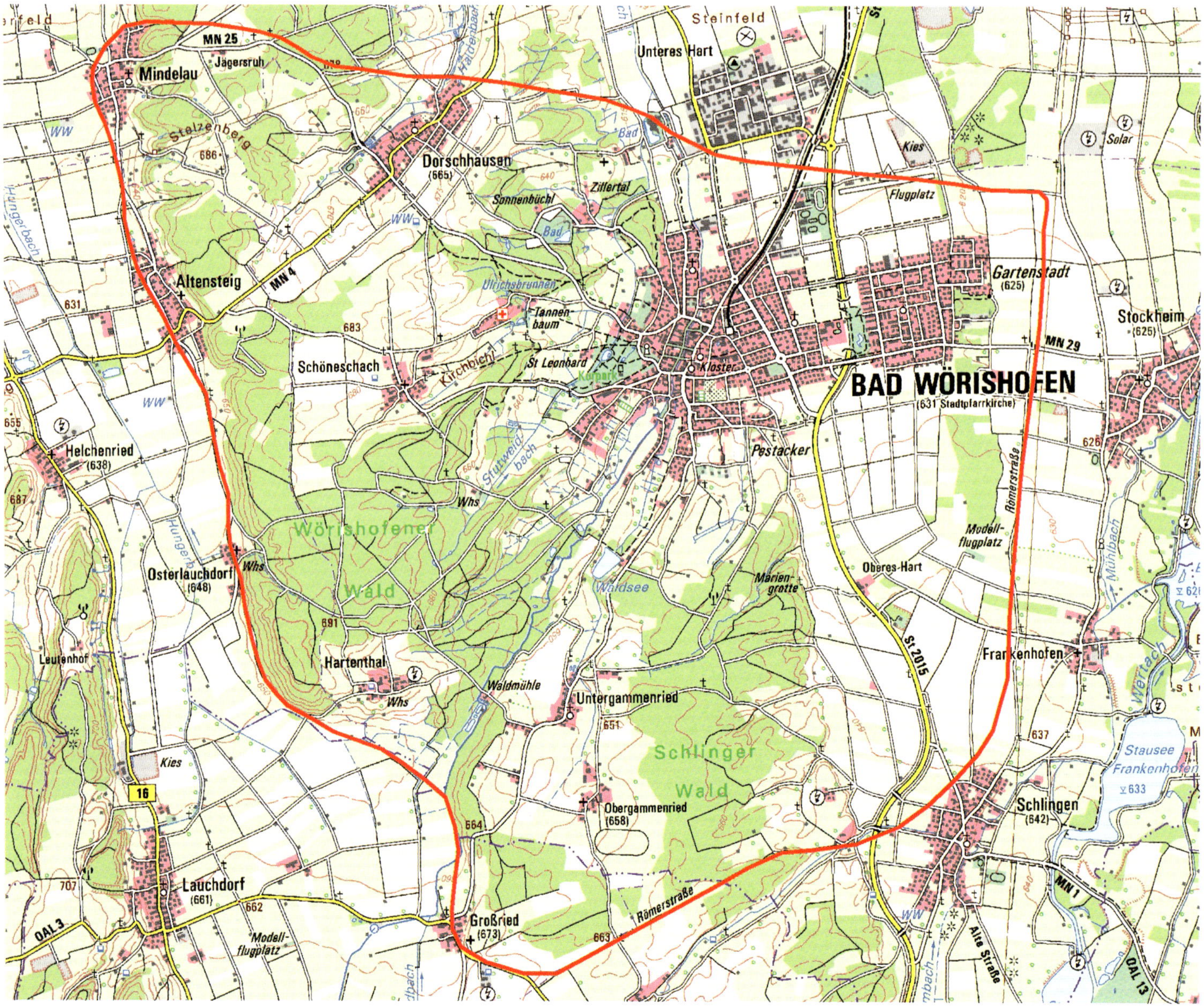

Wiesen und Weiden umrahmen die Bebauung.

Bad Wörishofen im Luftbild von Süden. Rund um den dicht bebauten Ortskern verteilen sich in einer parkartigen Landschaft die neuen Siedlungen, im Osten hat sich der Stadtteil „Gartenstadt", im Norden in der Nachbarschaft der Therme ein großflächiges Gewerbegebiet entwickelt.

Mitten im Alpenvorland liegt der überregional bekannte Kurort an der Nahtstelle zwischen den Höhenzügen der Iller-Mindel-Schotterplatten und den Talböden entlang der Wertach. Aus dieser naturräumlichen Situation ergibt sich eine topographische Gliederung in eine hügelige West- und eine ziemlich ebene Osthälfte des heutigen Stadtgebietes.

Die Anfänge gehen auf eine bäuerliche Siedlung zurück, die im 11. Jahrhundert urkundlich erwähnt wird und im 13. Jahrhundert durch Schenkung zu großen Teilen in den Besitz des Dominikanerinnenklosters Augsburg gekommen ist. Seitdem ist die Geschichte Wörishofens eng mit dem Orden verbunden, der 1719–1723 dort ein Frauenkloster errichtete. Eine entscheidende Weichenstellung für den weiteren Werdegang des Bauerndorfes war das Wirken des Pfarrers Sebastian Kneipp (1821–1897), der als Hausgeistlicher im Dominikanerinnenkloster „Maria, Königin der Engel" seit 1855 tätig war. Dort entwickelte er seine ganzheitliche Gesundheitslehre, in der die Wassertherapie eine wichtige Rolle spielt. Bäder, Güsse, Wickel gehören neben Bewegung und gesunder Ernährung bis heute zu den Säulen von Kneipps Heilmethode. Die Erfolge zogen immer mehr Kurgäste an und bewirkten eine rasche bauliche Entwicklung mit Hotels, Kurbetrieben, anspruchsvollen Privathäusern und Dienstleistungseinrichtungen.

1920 wurde Wörishofen Heilbad, 1949 wurde der Ort zur Stadt erhoben. Die Einwohnerzahl mit den Ortsteilen hat sich seitdem erheblich auf ca. 15.000 gesteigert, die bebaute Fläche ist um mehr als das Dreifache gewachsen. Im Osten entstand der neue Stadtteil „Gartenstadt", im Norden haben sich entlang der Verkehrsachsen B18/A96 Freizeit- und Gewerbeanlagen ausgedehnt. Ein wichtiger Faktor ist die ausgeglichene bäuerliche Kulturlandschaft, die von zahlreichen Betrieben in den elf Ortsteilen gepflegt wird.

Pfarrkirche St. Justina und Klosterkirche Maria Königin der Engel bilden den geistlichen Mittelpunkt der Stadt.

„Haus zum Gugger", ehemaliges Bauernhaus, umgestaltet für kulturelle Veranstaltungen. Auf dem Vorplatz steht alljährlich der geschmückte Maibaum.

Vor der Entwicklung eines Kurorts war Wörishofen eine bäuerlich geprägte Siedlung. Im heutigen Erscheinungsbild haben sich noch einige Beispiele erhalten, deren öffentliche Nutzung als Veranstaltungshaus sinnvoll und informativ sein kann. Ein gelungenes Beispiel ist das Guggerhaus, das für kulturelle Angebote umgebaut wurde. Der nach historischem Vorbild geschmückte Maibaum weist ebenfalls auf die dörfliche Tradition hin. Zu Lebzeiten Sebastian Kneipps wurde ein Park mit Ruhebänken und Spazierwegen angelegt. Ein mehrfach erweiterter Kurpark im Stil eines Englischen Gartens mit Brunnen, Wasserbecken, Wanderwegen und Ausblicken auf die freien Wiesen, ergänzt mit Rosen-, Kräuter- und Aromagarten, ist bis heute ein wichtiger Anziehungspunkt in der Erholungslandschaft.

Oben: Kloster und Klostergarten der Dominikanerinnen, Standort des Sebastian-Kneipp-Museums

Rechts: Cafés laden zum Genießen und Verweilen ein.

Unten: Die Pfarr- und Wallfahrtskirche Mariä Heimsuchung im Ortsteil Dorschhausen, im Vordergrund ehemaliges Bauernhaus mit verschaltem Holzgiebel

Historisches Badehaus aus der Zeit von Sebastian Kneipp (19. Jahrhundert)

Bronzestandbild von Sebastian Kneipp mit Springbrunnen auf dem Denkmalplatz

Oben: Kräutergarten mit Zierpflanzen, nach dem Vorbild des Botanikers Leonhart Fuchs (1501–1566) gestaltet.
Unten: Jakobsweiher im Kurpark, er symbolisiert die Heilkraft des Wassers und bietet zu allen Jahreszeiten ein Erlebnis der Natur.

In der Gradieranlage wird Salz in Wasser gelöst. Die salzhaltige Luft wird eingeatmet und entfaltet eine heilsame Wirkung.

Die stimulierende Wirkung des Wassers kann man auf verschiedene Weise erleben.

Für die Fünf-Säulen-Lehre von Sebastian Kneipp spielen die Wassertherapie, die Heilwirkung der Kräuter, die ausgewogene Ernährung und die regelmäßige Bewegung eine wichtige Rolle, um die Harmonie von Körper, Geist und Seele zu erhalten.
Der Wechsel von Wald und Offenland in der Kulturlandschaft hat dafür einen wichtigen Stellenwert. Sehenswerte Kirchen und Kapellen bilden kulturelle Anziehungspunkte für Kurgäste und Tagesbesucher. Musik und Theater sorgen ganzjährig für abwechslungsreiche Angebote.

Im Kurpark kann man flanieren, ausruhen und die Natur beobachten.

Rad- und Wanderwege erschließen die nähere Umgebung.

Auf den Spuren des „Wasserdoktors“. Rechts: Die Kapelle St. Wolfgang (17. Jahrhundert) im Ortsteil Schöneschach und Wegweiser für Wanderziele aus der Zeit um 1900

Aussichtspunkt beim Weiler Hartenthal mit Blick nach Süden bis zu den Allgäuer Alpen. Die Kulturlandschaft rund um Bad Wörishofen ist ein anschauliches Beispiel für die Nutzung der naturräumlichen Grundlagen und deren vielseitige, rücksichtsvolle Gestaltung.

Ottobeuren und sein Umland

In dem weiträumigen westlichen Günztal breitet sich der Markt- und Kneippkurort Ottobeuren aus. Prägend für das Erscheinungsbild der Siedlung und der gesamten Kulturlandschaft sind die weithin sichtbaren Baulichkeiten des 764 gegründeten Benediktinerklosters, das als Stätte des Gebets, der theologischen Wissenschaft und humanistischen Bildung, ebenso als Ort des kulturellen Lebens und als Glanzpunkt barocker Kunst eine überregionale Bedeutung besitzt. Die religiöse und wirtschaftliche Ausstrahlung des Klosters im Laufe der Jahrhunderte spiegelt sich auch im Territorium eines ehemaligen Klosterstaates, der bis zur Säkularisation 1803 rechtliche und seelsorgerische Aufgaben für zehn Dörfer, 50 Weiler und 30 Einzelhöfe erfüllte.

Der Wiederbeginn des klösterlichen Lebens 1834 ist der Initiative des bayerischen Königs Ludwig I. zu verdanken. Im 19./20. Jahrhundert hat sich der historische Marktort zu einem Kleinzentrum für Dienstleistung, Gewerbe, Bildung und Gesundheit entwickelt. Seit 1957 spielt er auch als Luftkurort und Heilbad nach der Gesundheitslehre Sebastian Kneipps, der in dem Ortsteil Stephansried 1821 geboren wurde, eine Rolle. Ein Kurpark, Wander- und Radwege, ein Walderlebnispfad und eine Volkssternwarte sorgen für eine abwechslungsreiche Mischung an Information, Erholung und Sport.

Die mächtige Klosteranlage umfasst ein Geviert von 140 x 120 m und umschließt 200 Räume, lange Gänge und 18 repräsentative Treppenhäuser. Die prachtvolle Basilika, der größte Kirchenbau Schwabens, ist vollendeter Ausdruck süddeutscher Barockkunst, an der eine große Schar erstrangiger Künstler von 1711 bis 1766 gearbeitet hat. Innerhalb des Klosters bilden der Kaisersaal und der Bibliotheksaal ebenso wie das Klostermuseum und eine Kunstgalerie öffentlich zugängliche Sehenswürdigkeiten. Ein hochrangiges und vielseitiges Musikprogramm sorgt über das ganze Jahr für eine überregionale Aufmerksamkeit.

Blick von Ost nach West über die monumentale Klosteranlage der Abtei und Teile des Marktes Ottobeuren mit Marktplatz am rechten Bildrand, im Mittelgrund ehemaliges Beamtenhaus des Klosterstaates, im Hintergrund auf einer Geländestufe der Weiler Brüchlins

Klosteransicht mit Doppeltürmen und reich gegliederter Fassade der Basilika, anschließend Konventbauten, Bauzeit 1737–1764

Buschelkapelle St. Michael, 1714/15, Zentralbau mit Kuppeldach und kleiner Laterne. Der Beiname weist auf den Standort eines ehemaligen Burgstalls hin.

Zu Füßen der Kirche liegt der ausgedehnte Marktplatz mit Rathaus und stattlichen Bürgerhäusern.

Blick auf den Höhenrücken über der Günz mit dem Weiler Eggisried

Bronzeskulptur „Sonne – Symbol des Urlichts" vor den Ausstellungsgebäuden der Erich-Schickling-Stiftung in Eggisried.

Nahezu 100 bäuerliche Betriebe in zahlreichen Ortsteilen leisten mit der Bewirtschaftung des Grünlandes einen aktiven Beitrag für das Bild der heutigen Kulturlandschaft.

Die Weiler und Einzelhöfe verteilen sich auf die Höhenrücken und flachen Hänge. Ortsnamen auf -berg oder -ried (Dennenberg, Eggisried) sowie die Ortsbezeichungen mit Dativ- oder Genitivendung von Personennamen (Brüchlins, Karlins, Nollen, Schoren) kennzeichnen die spätmittelalterliche Rodungsperiode im 13./14. und die Aussiedlung der Gehöfte im 17./18. Jahrhundert im Rahmen der Vereinödung. Um den Biotopverbund entlang des Günztales und die Zusammenarbeit zwischen Landwirtschaft und Naturschutz kümmert sich seit 20 Jahren die Stiftung „Kulturlandschaft Günztal".

Begegnungen mit der Kunst der Gegenwart inmitten der intakten Kulturlandschaft bieten die Ausstellungen der Erich-Schickling-Stiftung in Eggisried im westlichen Günztal. Farbige Glasfenster, großformatige Tafelbilder und Landschaftsmotive des Malers Erich Schickling (1924–2012) laden zum Schauen und Verweilen ein. Konzerte, Lesungen und Seminare vermitteln ein vielseitiges Programm als „Sonne für die Seele".

Eine wichtige Rolle spielt der Einfluss von Natur und Kunst für Gesundheit und Lebensgestaltung. Die Atmosphäre des Günztales und die naturnahe Gestaltung einer Parklandschaft schaffen dafür eine spirituelle Dimension, die auf dem Hinterglasbild von Erich Schickling (1982) deutlich in Erscheinung tritt.

Westliches Günztal mit Baumgruppen und Wiesen

„Grüne Günzlandschaft" mit Kloster Ottobeuren. Die Darstellung bildet ein herausragendes Beispiel einer intakten Kulturlandschaft.

Blick auf das ehemalige Kloster Wald über dem Günztal, ursprünglich ein Benediktinerinnenkloster, ab 1868 im Besitz der Maria-Ward-Schwestern, seit 1985 Reha-Einrichtung und Umweltstation der Kompass-Drogenhilfe

Blick über die intakte Kulturlandschaft mit Wiesen und Wäldern beim Weiler Guggenberg, am Horizont leuchtet die Kulisse der Alpen.

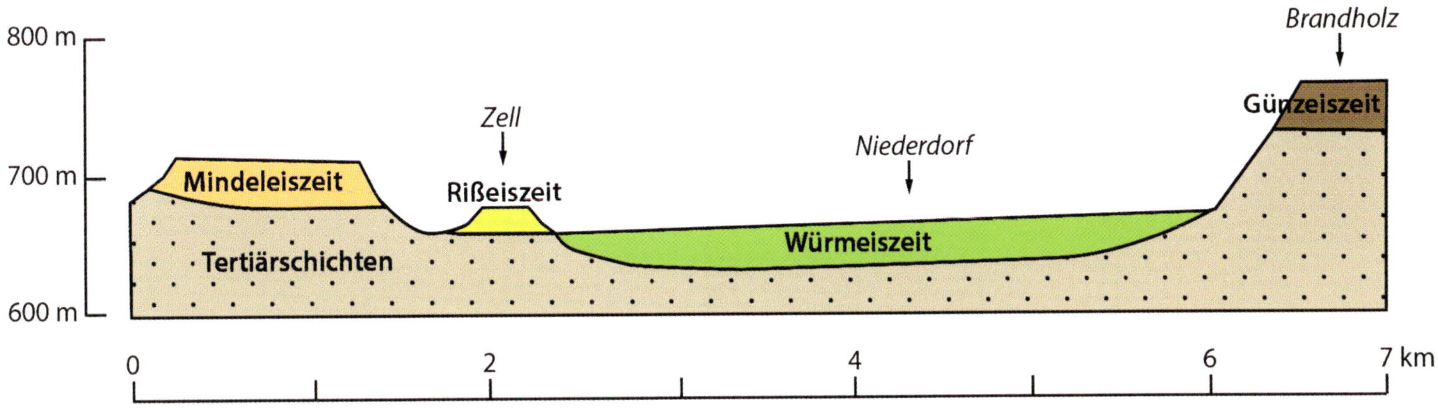

Lagerung der Quartärschotter südlich von Memmingen im West-Ost-Profil (nach Albrecht Penck, „Die Alpen im Eiszeitalter", 1901)

Das Umfeld von Ottobeuren ist ein Schlüsselgebiet für die Erforschung des Eiszeitalters. Zahlreiche Relikte im Gelände wie Moränenreste und Schotterdecken in unterschiedlichen Höhenlagen lieferten die Beweise für die Viergliederung des Eiszeitalters, die der Geograph Albrecht Penck (1858 - 1945) erkundete und nach den Flüssen Günz, Mindel, Riss und Würm benannte. Auf dem Höhenrücken des „Falken" ist ihm eine Gedenktafel gewidmet. Neue Forschungen haben unsere Kenntnisse auf sechs Eiszeiten erweitert.

Flächenhaft sind die günzeiszeitlichen Schotter südwestlich zwischen Ottobeuren, Brandholz und Schrattenbach verbreitet, östlich und nördlich von Ottobeuren werden die Höhenzüge von mindeleiszeitlichen Schottern abgedeckt. Zeugnisse für die lang andauernde Verwitterung sind trichter- oder röhrenförmige Vertiefungen, sog. Geologische Orgeln, in den Schotterkörpern. Jüngere Schotterlagen der Riss- und der Würmeiszeit liegen 30-40 m tiefer in der Talsohle der westlichen Günz und in der ehemaligen Abflussrinne des Illergletschers, dem heutigen Memminger Trockental. Hier verlaufen heute die überörtlichen Verkehrsachsen Autobahn und Eisenbahn.

Durch den wirtschaftlichen Wandel der letzten Jahrzehnte haben sich die umliegenden Dörfer wesentlich verändert, während die Siedlungsstruktur der historisch geprägten Kulturlandschaft weitgehend erhalten geblieben ist.

Gedenktafel zu Ehren des Eiszeitforschers Albrecht Penck (1858-1945) auf dem Hohenrücken „Falken" bei Ittelsburg über dem Memminger Trockental

Zeugnisse der Verwitterung und Zersetzung der Deckenschotter der Günzeiszeit sind röhrenförmige Schlote, sog. „Geologische Orgeln", bei Bossarts.

Auerberg und sein Umland

Der Auerberg (1055 m) bildet eine weithin sichtbare Erhebung mit zwei Kuppen im Alpenvorland. Er ist ein markanter Aussichtsberg auf die 15 km entfernte Alpenkette. Die Gipfelzone baut der Molassekalk auf. Moränenreste und Schotter aus verschiedenen Eiszeiten bedecken die Hänge und die flachen Mulden, das Gipfelplateau ist stets eisfrei geblieben. Es wird bekrönt von der Kirche St. Georg, deren Anfänge auf das 12. Jahrhundert zurückgehen. Sie wurde im 17. Jahrhundert erweitert und besitzt eine große Bedeutung als Wallfahrtsziel. Die Siedlungsgeschichte reicht allerdings viel weiter zurück, auf dem Auerberg lag die älteste römische Siedlung in Bayern.

Das Gipfelplateau wird von einem künstlichen, 1700 m langen Ringwall samt vorgelagertem Graben umschlossen. Dieses Befestigungssystem, das an mehreren Stellen gut erhalten ist, haben die Römer für eine Handwerker- und Händlersiedlung mit dem Namen „Damasia" bald nach der Eroberung des Alpenvorlandes angelegt. Sie ist durch archäologische Untersuchungen detailliert erforscht. Sie bestand nur wenige Jahrzehnte (ca. 15–50 n. Chr.) und wurde planmäßig aufgegeben. Reste von schmalen Holzhäusern und Werkstattbauten sowie Spuren von Töpferöfen und Eisenschlacken belegen zivile Nutzung, einzelne Funde weisen auf die Anwesenheit des Militärs hin.

Blick von Nordost auf die 1055 m hohe Erhebung, die sich nach Osten und Westen gleichmäßig absenkt. Ein Mosaik aus Wald, Bäumen und Wiesen bedeckt die Hänge. Dazwischen verteilen sich die Weiler und Einzelhöfe.

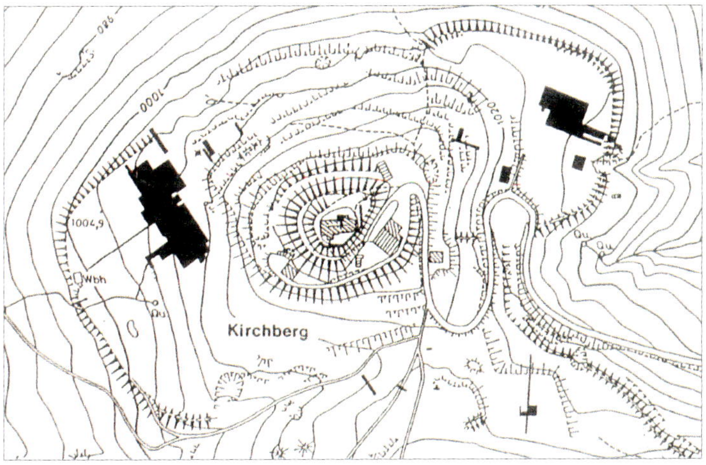

Topographischer Plan der Gipfelzone, die von einem künstlich aufgeschütteten Ringwall aus der Römerzeit umschlossen wird. Bei Grabungen wurden Wohn- und Handwerkerquartiere aufgedeckt.

Schaubild der rekonstruierten römischen Gebäude auf dem Ostplateau, in denen eine „fabrica", eine Werkstatt für Waffenherstellung, untergebracht war.

Die St.-Georgs-Kirche und ein Gasthaus bekrönen den 1055 m hohen Gipfel. Sie bilden ein denkmalgeschütztes Ensemble.

Knapp unterhalb des Gipfels breitet sich auf der Südseite eine Verebnung aus, der sog. Buffen, der in römischer Zeit besiedelt war.

Mosaikartig verteilte Waldzonen prägen im Wechsel mit Wiesen die heutige Kulturlandschaft. Zeugnisse der Siedlungsentwicklung seit dem frühen Mittelalter sind wenige Dörfer, Weiler und zahlreiche Einzelhöfe im Umland. Ortsnamen auf -berg, -hof und -ried kennzeichnen die Siedlungsgeschichte über Jahrhunderte. Die Ortskerne von Bernbeuren, Burggen, Rettenbach und Stötten besitzen noch einen gut erhaltenen Baubestand.
Eine besondere Geschichte als Flößerort hat das Dorf Lechbruck durch seine Lage am Lech. Der Fluss war bis 1914 eine wichtige Verkehrsader für den Transport von Holz, Stein und landwirtschaftlichen Produkten. Das Flößergewerbe bestimmte jahrhundertelang das Leben und die Wirtschaft des Ortes, ihm ist ein eigenes Flößermuseum und ein Flößerstandbild gewidmet. Heute spielt Lechbruck als Urlaubsdorf mit allem, „was ein Touristenherz begehrt“, eine wichtige Rolle.

Weiler und Einzelhöfe prägen das Siedlungsbild.

Der Lech war jahrhundertelang der Wirtschaftsfaktor des Dorfes Lechbruck. Der Fluss markiert heute die Grenze zwischen Schwaben und Oberbayern.

Blick von Nordost über den Haslacher See mit Schilfgürtel und Feuchtwiesen auf den Doppelgipfel Kirchberg (rechts) und Schlossberg (links).

Bernbeuren, Kiebele-Haus, ehemaliges Bauern- und Handwerkerhaus, wurde nach umfassender Sanierung als Museum für die Geschichte des Auerbergs und seiner Kulturlandschaft eingerichtet.

Bernbeuren, Blick auf die barocke Pfarrkirche St. Nikolaus, davor Pfarrhaus und ehemaliger Pfarrstadel mit holzverschaltem Giebel

Ein eigenes Museum für die Kulturlandschaftsgeschichte des Auerberglandes bietet das Museum in Bernbeuren, das Objekte von der Römerzeit bis zum Strukturwandel der letzten Jahrzehnte anschaulich vermittelt. In mehreren lokalen Museen, die im Museumsverbund „Auerbergland" zusammengeschlossen sind, werden die Sachgüter der Siedlungs- und Wirtschaftsgeschichte, der Kunst und des Brauchtums in übersichtlicher Gestaltung präsentiert. Sie können auf einer ausgeschilderten, mit Informationstafeln bestückten Wander- und Radroute erkundet werden. Die Spuren der Römerzeit kann man auf Themenwegen kennenlernen. Das kulturelle Angebot bildet in Verbindung mit den naturräumlichen Besonderheiten einen wichtigen Faktor für den Tourismus, der sich in zahlreichen Einrichtungen mit einem reichhaltigen Angebot etabliert hat. Die Erhaltung der gewachsenen Naturgüter und der kulturellen Strukturen ist eine wichtige Aufgabe.

Blick vom Auerberg nach Süden über die Senke des Lechtals auf die Ammergauer Berge, rechts hinten die Zugspitze

Moränen- und Weiherlandschaft zwischen Seeg und Rückholz (Lkr. Ostallgäu)

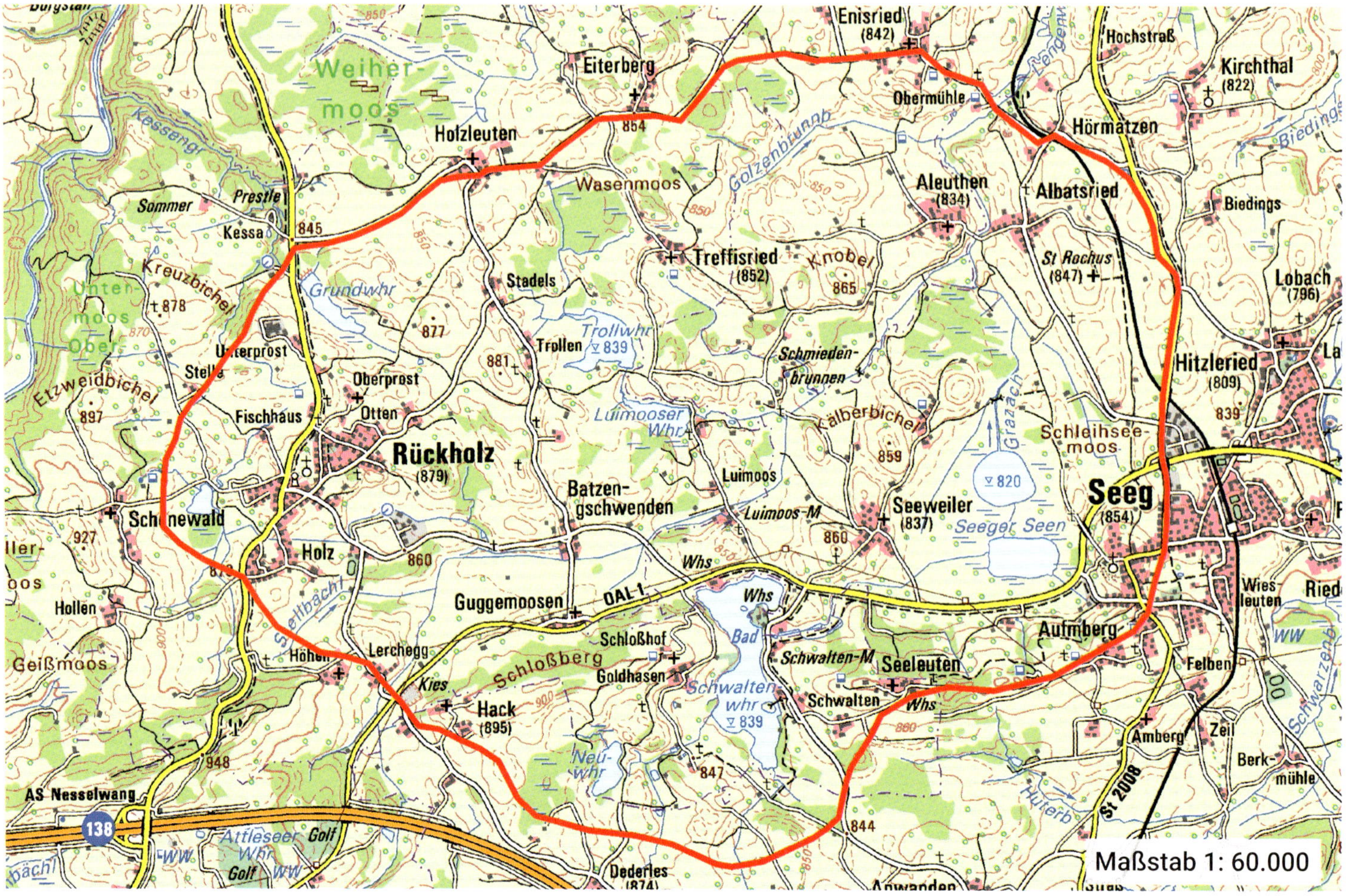

Auf dem Luftbild überblickt man von Südost nach Nordwest den Ausschnitt einer typischen Eiszerfallslandschaft. Das kleinräumige Relief wird geprägt von den Grundmoränen des Lech- und des Wertachgletschers und ist heute dicht besiedelt mit den Weilern und Einzelhöfen inmitten des Grünlandes. Der Luimooser- und der Trollweiher in der Mitte sind charakteristische Reste der zahlreichen Seen, die in den Mulden und Senken nach den Eiszeiten zurückgeblieben waren und für die Teichwirtschaft heute mit Wasser befüllt werden. Am linken Bildrand liegt das Dorf Rückholz mit einer dichteren Bebauung.

Seeg, Pfarrkirche St. Ulrich am Ortsrand, im Vordergrund Verlandungszone der Seeger Seen, im Hintergrund Ammergebirge mit Tegelberg und Hochplatte

Wenige Kilometer vor der Alpenkulisse prägen Moränenhügel, Streuwiesen und Weiher eine kleinräumig modellierte Landschaft. Inmitten der intensiven Grünlandnutzung bilden Dörfer, Weiler und Einzelhöfe die Siedlungsstruktur der historischen Kulturlandschaft zwischen Seeg und Rückholz. In zahlreichen Siedlungsnamen mit den Grundworten -ried und -holz spiegelt sich die Siedlungsgeschichte in einem waldreichen und von feuchten Senken und Mulden durchsetzten Gebiet. Nach der Überlieferung soll es in Seeg bereits im 8. Jahrhundert eine Kirche gegeben haben. Seit dem 13. Jahrhundert gehörte Seeg zum Territorium der Augsburger Bischöfe, die als Grundherren große Teile des Ostallgäus beherrschten.

Der Seeger See ist der Rest einer ehemaligen Mulde mit Toteis. Die Rundumverlandung mit einer Schilfzone ist beispielhaft für ähnliche Seebecken aus der letzten Eiszeit. Die ursprüngliche Wasserfläche hat sich erheblich reduziert.

Blick über Seeweiler mit typischen Allgäuer Bauerngehöften und Kapelle Hl. Johannes und Paul, im Hintergrund die Flyschberge oberhalb von Nesselwang

Schwaltenweiher mit Verlandungszone und Blick auf den Weiler Goldhasen

Schlosshof mit Kapelle über dem Schwaltenweiher

Bedeutsame Kulturlandschaftselemente sind die Pfarrkirchen St. Ulrich in Seeg (18. Jh.), St. Georg in Rückholz (17./18. Jh.), zahlreiche Kapellen und Bildstöcke, die man auf einem Rundweg besichtigen kann. Dazu kommen die gleichmäßig verteilten Bauerngehöfte, die vorwiegend in der Rodungsperiode im 13./14. Jahrhundert entstanden sind und im Rahmen der Vereinödung im 18./19. Jahrhundert durch Aussiedlungen ergänzt wurden. In Verbindung mit der Teichwirtschaft für die Fischerei herrschten günstige Wirtschaftsbedingungen.

Am Südrand der Kulturlandschaft verläuft ein flacher Höhenrücken vom Schlossberg über den Seeger Berg und die Anhöhe „Aufmberg" bis zum Sulzberg. Er geht auf eine steil gestellte Molasserippe im geologischen Untergrund zurück und ist aus harten Nagelfluhbänken und groben Geröllen aufgebaut, auf denen der Wald günstige Standortbedingungen hat.

Am Ende der letzten Eiszeit blieben abgetrennte Eismassen in den Mulden und Senken zurück, die bis heute als Seen erhalten sind oder als Weiher aufgefüllt werden. Markante Beispiele sind die Seeger Seen und der ausgedehnte Schwaltenweiher, die als ökologische Inseln und ebenso als attraktive Touristenziele eine besondere Bedeutung haben. Sie werden von Feuchtwiesen und Mooren umrahmt, die in Verbindung mit Baumgruppen und Waldzonen ihre landschaftsprägende Wirkung entfalten. Am flachen Osthang des Schlossberges liegen der Weiler Goldhasen und oberhalb der Schlosshof mit einer Kapelle.

Die Pfarrkirche St. Georg in Rückholz liegt auf einem eiszeitlichen Drumlinrücken vor der Kulisse der Vilser- und der Tannheimer Berge.

Insektenhotel am Bienenerlebnispfad

Blick vom Bienenerlebnispfad auf die Pfarrkirche von Seeg

Eine Besonderheit und ein Hinweis auf eine intakte Natur ist für Seeg der Beiname „Honigdorf". Auf einem Bienenerlebnispfad kann man Informationen über das Leben und die Bedeutung der Bienen für Natur, Umwelt und Medizin erfahren und einen Einblick in die Imkerei bekommen.

Ein Heimatmuseum im ehemaligen Seeger Schulhaus vermittelt mit seinen umfangreichen lokalgeschichtlichen Sammlungen zahlreiche Themen. Die Palette reicht vom Leben und Arbeiten der Land- und Forstwirtschaft über zahlreiche Handwerksberufe und die Werkstatt der Uhrmacherfamilie Barnsteiner bis zu den Rennskiern der Epple-Schwestern.

Das naturnahe Gefüge der Kulturlandschaft ist von flächenhaften Entwicklungen und massiven Störungen bislang verschont geblieben. Sie bietet ideale Bedingungen für einen sanften Tourismus, der in zahlreichen Ortschaften gut gepflegt wird.

Füssener Bucht und Königswinkel

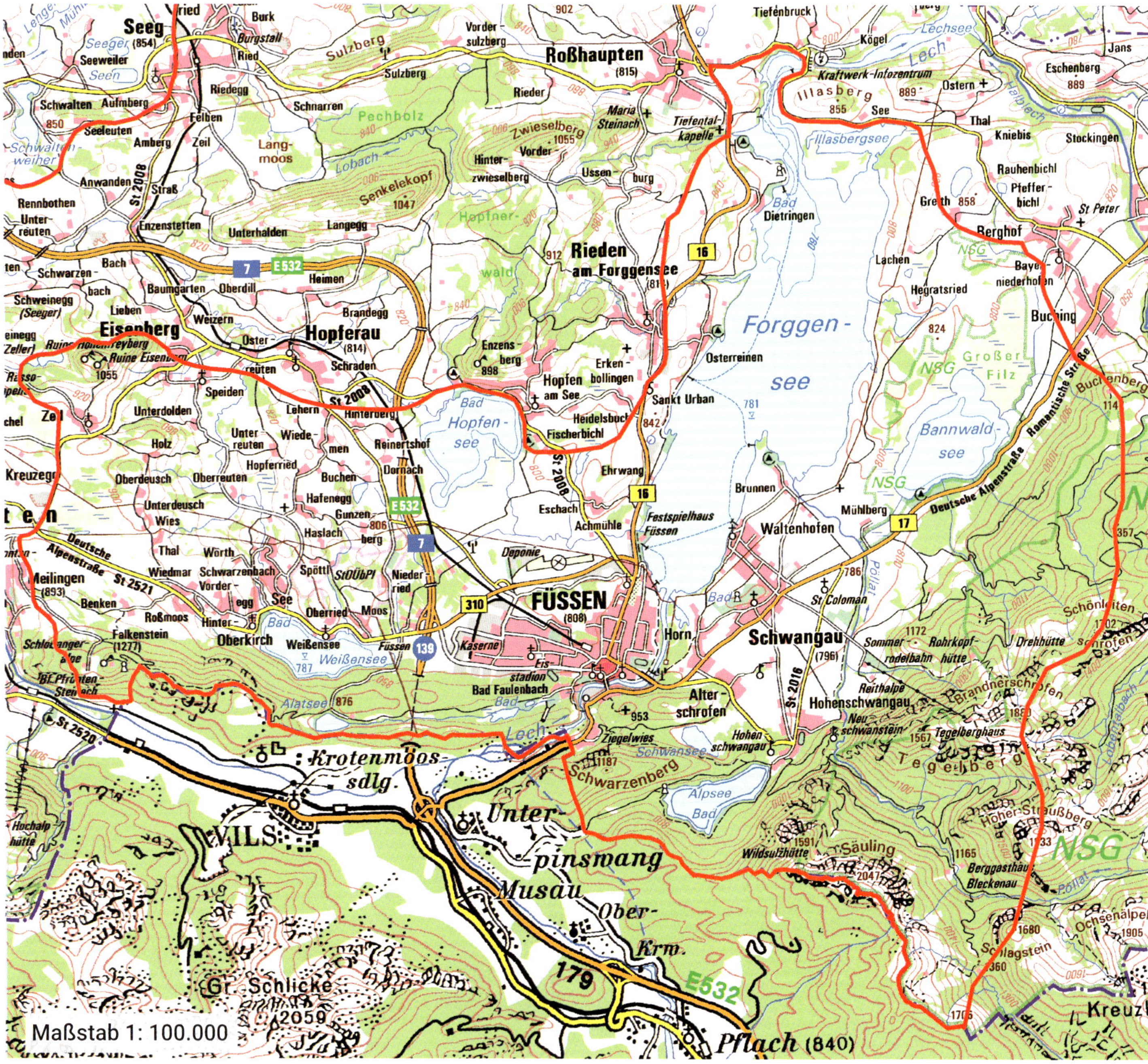

Die Füssener Bucht grenzt im Süden mit scharfem Rand an die schroffen Kalkalpen (Säuling und Tegelberg im Osten, Falkenstein und Tannheimer Berge im Westen). Die Grenze im Norden bilden harte Molasseschichten des Höhenzugs Senkele – Zwieselberg/Illasberg –, der vom Lech in einem Durchbruchstal gequert wird. Im Inneren des flachen Beckens bestimmen die Relikte des Eiszeitalters mit Grundmoränen, Drumlinrücken, Seen und Mooren Bild und Struktur der Landschaft. Weißensee, Hopfensee und Bannwaldsee sind die Reste einer großen spätglazialen Seefläche, die mit dem Aufstau des Lechs 1954 als Forggensee teilweise wieder geschaffen wurde. Als größter See des Allgäus dient er als Wasserspeicher für die Kraftwerkstreppe am Lech, gleichzeitig ist er ein beliebtes Freizeitziel für verschiedene Sportarten. Sogar ein Festspielhaus ist am Ufer entstanden.

Die Relikte des Eiszeitalters haben auch die Entwicklung der Siedlungsstruktur mit kleinen Dörfern, Weilern und Einzelhöfen beeinflusst. Funde der Vorgeschichte und der Römerzeit belegen die Siedlungsgunst der topographischen und natürlichen Gegebenheiten. Der Wald ist auf die Höhenrücken und die steilen Bergflanken zurückgedrängt worden. Im Lechtal verlief in römischer Zeit eine Fernstraße, die von Augsburg über Füssen und den Fern- und Reschenpass bis zur Adria reichte. Einen Militärposten belegen die Ausgrabungen auf dem Schlossberg.

Füssen breitet sich am nördlichen Alpenrand auf dem Schwemmfächer des Lechs aus. Kloster und Schloss liegen oberhalb der Lechbrücke. Östlich (rechts) des Forggensees hat sich aus einem Dorf mit den berühmten Königsschlössern das Touristenzentrum Schwangau mit dem Ortsteil Waltenhofen entwickelt. Westlich, in der linken Bildhälfte, ist der Hopfensee mit dem Touristenmagnet Hopfen erkennbar.

Blick von Nordwest über die Streusiedlungen der Füssener Bucht bis zur Stadt Füssen am Fuß des Säuling (2047 m)

Blick über den Lech auf die Klosteranlage und die Stiftskirche St. Mang (1683–1712). Auf dem Schlossberg liegt die ehemalige Residenz der Augsburger Bischöfe, die auf das 14./15. Jahrhundert zurückgeht. Rechts im Bild: Stattliche Bürgerhäuser in der Füssener Altstadt

An günstiger Stelle gründete um 740 der Wandermönch Magnus aus St. Gallen bei einer kleinen Siedlung eine Missionszelle, aus der 100 Jahre später ein Benediktinerkloster hervorging und sich zum spirituellen Zentrum des Allgäus entwickelte. Klosterkirche und stattliche Konventbauten (17./18. Jh.) belegen die Bedeutung. Die Landeshoheit der Augsburger Bischöfe ist in der oberhalb sichtbaren umfangreichen Schlossanlage mit Wehrmauern und -türmen ablesbar.

In der direkten Nachbarschaft entfaltete sich die Stadt Füssen, die an der Straße nach Oberitalien im 14.–16. Jahrhundert ihre Blütezeit erlebte. Im 17. Jahrhundert war Füssen ein europäisches Zentrum der Lauten- und Geigenbauer. Zahlreiche gut erhaltene historische Bauten im Denkmalensemble belegen die Bedeutung als Handelsstadt und Herrschaftssitz. Nach dem Eisenbahnanschluss (1889) hat sich die Stadt als Industriestandort, Militärstützpunkt und Touristenziel kräftig ausgedehnt.

Die gut erhaltenen Burgruinen Hohenfreyberg und Eisenberg über dem Dorf Zell gehen auf mittelalterliche Herrschaftssitze zurück. Sie wurden im 30-jährigen Krieg zerstört und nicht wieder aufgebaut. Das für Touristen attraktive Dorf Zell besitzt eine sehenswerte Pfarrkirche und einen ummauerten Pestfriedhof.

Schloss Hohenschwangau über dem Schwansee. Die mittelalterliche Burg wurde ab 1832 als Sommersitz des bayerischen Kronprinzen und späteren Königs Maximilian II. im Stil des Historismus umgebaut.

Schloss Neuschwanstein vor der Felsflanke des Säuling (2047 m). König Ludwig II. ließ (1868–86) 200 m über der Pöllatschlucht die ausgedehnte Anlage mit Türmen, Zinnen und Balkonen sowie Thronsaal und Sängersaal errichten. Heute ist das Schloss mit der historischen Gestaltung ein weltweit bekanntes Touristenziel.

Ein landschaftsbestimmendes Element auf freier Wiese vor der Kulisse der Berge ist die barocke Wallfahrtskirche St. Coloman (1673-1678). Sie ist mit beachtlichen Bildwerken und Stuckaturen der Wessobrunner Meister ausgestattet. Der Kirchenpatron ist Schutzheiliger für das Vieh. Das Gotteshaus ist ein beliebtes Ziel für Wallfahrer. Im Hintergrund sieht man Schloss Neuschwanstein.

Hergatsrieder Weiher vor der Alpenkulisse

Kapelle Hergatsried und stattliches Bauernhaus über einem Weiher

In dem intensiv genutzten Grünland bilden die stromlinienförmigen Hügel, sog. Drumlins, markante Bodenformen, die von den Schmelzwässern der Gletscher unter dem Eispanzer aufgeschüttet wurden. Gleichmäßig verteilen sich Dörfer und Weiler in dem kuppigen Gelände.

Blick vom Buchenberg auf das Hochmoor in der Senke des Bannwaldsees und die Siedlungen Buching, Bayerniederhofen und Berghof am Rande der ausgewiesenen Kulturlandschaft. Das Mosaik von Mooren, Wiesen und Baumgruppen ist charakteristisch für die Moränenlandschaft.

Blick über den Illasbergsee und den Forggensee auf die Kulisse der Ammergauer Alpen (links) und der Tannheimer Berge (rechts), in der Mitte im Hintergrund ein Ausschnitt der Lechtaler Alpen in Tirol. Auf dem schmalen Geländerücken zwischen den Seen wurden Brandopferplätze der Römerzeit entdeckt.

Adelegg – Bergland zwischen Buchenberg und Isny

Blick von Süden aus der Flugperspektive in Google Earth über das bewaldete Bergland zwischen Eschach- und Kürnachtal. Links der Eschacher Wald mit dem Schwarzen Grat (1118 m) im Landkreis Ravensburg (Baden-Württemberg)

Die Adelegg ist ein mehr als 1000 Meter hohes Bergland auf einer herausgehobenen Molasseplatte im Alpenvorland zwischen Kempten, Leutkirch und Isny. Die höchste Erhebung, der Schwarze Grat (1118 m), liegt knapp jenseits der Landesgrenze in Baden-Württemberg.

Von einem 28 Meter hohen Holzturm kann man die Landschaft mit ihrem dichten Waldkleid überschauen und die Merkmale des Reliefs beobachten.

Das geologische Gerüst bilden Sandsteine und Nagelfluhbänke der Oberen Meeresmolasse und der Oberen Süßwassermolasse, die im Laufe der Tertiärzeit herausgehoben, aber nicht gefaltet wurden. Während der Eiszeiten durchströmten die Eiszungen des Rhein- und des Illergletschers die tieferen Abschnitte, die Höhenzüge hat das Eis nicht erreicht.

Heute gliedern die Flüsse Eschach und Kürnach mit einem Netz von Nebenbächen das Relief. Die widerständigen Nagelfluhbänke im Untergrund sind verantwortlich für die tief eingeschnittenen Tobel, Kerben und schroffen Flanken, die das Gelände zerfurchen. Die hohen Niederschläge und das starke Gefälle haben dabei eine Rolle gespielt. Der Wald ist mit 80 % der Fläche die dominierende Vegetation.

Die Eschach hat sich in die Nagelfluhbänke der Molasse eingetieft.

Eine dünne Besiedlung mit Viehwirtschaft und Waldarbeit hat sich im Eschachtal und an den Rändern des Berglandes ausgebreitet, bis nach 1700 die damaligen Grundherren auswärtige Glasmacher holten, um auf der Rohstoffbasis der Quarzgerölle und mithilfe des Waldreichtums die Glasproduktion in Gang zu bringen. Die Glasmacherei für Fenster und Trinkgefäße stand in 13 Glashütten mehr als 200 Jahre in Blüte, im Eschachtal und im Kürnachtal lagen die Schwerpunkte.

Der Wechsel von Wald und Offenland ist abschnittweise ein prägendes Element der Kulturlandschaft. Im Sommer werden die Wiesen von Rindern beweidet. Auf einigen baumfreien Kuppen im Kürnacher Wald sind Flurkreuze in aussichtsreicher Lage aufgestellt.

Mit ihrem Niedergang sind seit 1900 viele Siedlungen aufgegeben und die Nutzflächen der Wiederbewaldung überlassen worden. Die Glasmacherdörfer waren um 1980 fast menschenleer, als durch die Initiative des Heimatvereins Leutkirch wieder neues Leben einzog. Im württembergischen Schmidsfelden und im bayerischen Dorf Kreuzthal wurde die Glasmacherei wieder aufgenommen.

Schmidsfelden, Glasmachermuseum mit Schaustücken

Unten: Ehemaliges Glasmacherdorf Eisenbach mit Informationstafeln über die Glasmachergeschichte

Schmidsfelden, Kapelle St. Agatha, 18. Jahrhundert

Auf einem 22 Kilometer langen Glasmacherweg über Berg und Tal kann man die Relikte des historischen Gewerbes kennenlernen und die Belebung der Glasmachertradition nachvollziehen. Der Weg verläuft teils auf bayerischer, teils auf württembergischer Seite. Dort liegt auch der höchste Punkt der Adelegg und zweithöchste Berg des Landes Baden-Württemberg, der Schwarze Grat (1118 m), mit einem Aussichtsturm.

Ein besonderes Ziel auf bayerischer Seite ist die Alpe Wenger Egg, wo die Alpwirtschaft mit Weidevieh im Sommer noch lebendig ist. Mit der Gründung der Adelegg-Stiftung haben die Bürger in Kreuzthal den Schutz der Natur und die Erhaltung der Kulturlandschaft in den Blickpunkt gerückt.

Sehr lohnend ist ein Besuch in den ehem. Glasmacherdörfern Eisenbach/Kreuzthal, vor allem in Schmidsfelden. Dort kann man in einem Museum die Zeugnisse der Glasmachergeschichte näher kennenlernen und in einer Glashütte beim Blasen und Formen von Gläsern und Flaschen zuschauen. Eine Kapelle, ehem. Arbeiterhäuser und Werkstätten bilden ein sehenswertes Ensemble. Wanderer und Naturfreunde sorgen heute für einen touristischen Zulauf und für die wirtschaftliche Belebung.

Allgäuer Bergregion

„Allgäu“ – ein weithin bekannter Landschaftsbegriff, mit dem sich verschiedene Vorstellungen und Merkmale verbinden:

- Naturnahe Landschaften, sanfte Hügel und schroffe Gipfel
- Dichte Wälder und grüne Wiesen mit weidenden Rindern
- Bauernhöfe und Alphütten in Holzbauweise
- Butter- und Käseerzeugung in zahlreichen Sennereien

In unserer Zeit denkt man vor allem an die Ferienregion mit ihren vielfältigen Angeboten und Auswirkungen, die im Bild der Kulturlandschaft abzulesen sind.

„Allgäu“ war und ist ein Landschaftsname, der in Urkunden vor mehr als 1000 Jahren als „Albegowe“ auftaucht und eine hügelige Gegend bezeichnet. In diesem Begriff spiegelt sich bis heute das eindrucksvolle Panorama, das man von einem waldfreien Hügel im nördlichen Vorland, z. B. vom Auerberg, bei guter Fernsicht bis zu den steilen Gipfeln überschauen kann.

Mit diesen Gegebenheiten richten sich unsere Blicke auf die Kulturlandschaften der Allgäuer Bergregion, die flächenmäßig die größte Einheit in der Kategorie „Bedeutsame Kulturlandschaften in Schwaben“ darstellt.

Die Wirkungszusammenhänge zwischen den naturräumlichen Grundlagen und der kulturgeschichtlichen Gestaltung lassen sich in der Bergregion Allgäu deutlich ablesen. Das wechselnde Relief, die unterschiedlichen Bodentypen und die Abhängigkeit vom Klima haben ein Mosaik von Dörfern, Weilern, Einzelhöfen entstehen lassen, das bis heute das Bild der Kulturlandschaft prägt.

Das gilt auch für das landwirtschaftliche Nutzungssystem mit Grünland und für die Verbreitung des gemischten Bergwaldes bis zu einer Höhe von ca. 1700 m.

Ein wesentlicher Faktor für den Eigenbedarf und den Handel war jahrhundertelang die Alpwirtschaft mit hofnahen Weiden und Sennereien. Bau und Form der Bauernhäuser und Alpgebäude waren stark geprägt von den Rohstoffen der Natur. Holz und Lehm für die Wände, Holz für die flachgeneigten Dächer ergaben ruhig hingelagerte Formen des Allgäuer Hauses. In der Bodennutzung spielte bis zum Ende des 19. Jahrhunderts neben dem Futteranbau auch das Getreide (Dinkel, Gerste) eine wichtige Rolle.

Der Flachsanbau und die Leinwandproduktion waren jahrhundertelang eine wichtige Einnahmequelle in der Landwirtschaft, bevor sich die Viehhaltung und Milchverarbeitung im Laufe des 19. Jahrhunderts zum Schwerpunkt entwickelte. Dabei spielte die sog. Vereinödung, die Verlegung der Höfe aus dem Dorfverband in die freie Landschaft, und die Arrondierung der Wirtschaftsflächen eine wichtige Rolle. Diese Maßnahmen haben im 18. Jahrhundert begonnen und wurden im Laufe des 19. Jahrhunderts abgeschlossen. Im 20. Jahrhundert haben Industrie, Verkehr und Tourismus wesentliche Veränderungen bewirkt und deutliche Spuren im Bild der Kulturlandschaft hinterlassen. Insgesamt ist die Bergregion Allgäu mit ihren raumspezifischen Merkmalen ein dynamischer Siedlungs- und Wirtschaftsraum mit ausgewogener Struktur geblieben.

Blick von dem Dorf Börwang bei Kempten (außerhalb der ausgewiesenen Kulturlandschaft) über die voralpinen Moränen des ehemaligen Illergletschers (Mittelgrund) auf die kulissenartig gestaffelten Allgäuer Alpen mit den Höhenzügen von der gefalteten Molasse bis zu den schneebedeckten Kalkalpen

Thalkirchdorf mit der Kirche St. Johannes breitet sich inmitten intensiver Grünlandnutzung auf dem Talboden des Konstanzer Achtales aus.

Nach den geologischen Baueinheiten lassen sich vier Landschaftszonen mit unterschiedlicher kulturlandschaftlicher Ausgestaltung unterscheiden. Der nördliche Teil zwischen der Linie Immenstadt - Missen - Salmas und der Achse Blaichach-Gunzesried-Balderschwang gehört zum Molassegürtel, der nach den Ablagerungen im Molassemeer der Tertiärzeit benannt ist. Er erreicht als sog. Faltenmolasse mit dem Gipfel des Hochgrat (1834 m) seine höchste Erhebung westlich der Iller. Im Landschaftsbild dominiert der Wald auf den Höhenrücken und an den Steilhängen, die Zone oberhalb von ca. 1700 m wird von Latschen und alpinem Rasen eingenommen. Auf flacheren Hängen mit günstiger Bodenbildung herrschen Wiesen und Weiden vor. Die Streusiedlung mit Weilern, Einzelhöfen und zahlreichen Alphütten ist ziemlich gleichmäßig, vor allem auf den der Sonne zugewendeten Südhängen, verteilt.

Zwischen den parallelen Höhenzügen Salmaser Höhe und Vorderer Prodel liegt die Senke des Konstanzer Achtales, in der die Alpenstraße zwischen Immenstadt und Bodensee verläuft. Thalkirchdorf bildet den wirtschaftlichen und kulturellen Mittelpunkt, im Westen liegt knapp außerhalb der Kulturlandschaftsgrenze der überregional bekannte Kurort Oberstaufen mit kleineren Tourismusorten im Umfeld. Im Osten bilden der große und der kleine Alpsee markante Reste der Eiszerfallslandschaft des Rhein- und des Illergletschers, deren Moränenablagerungen eine gute Grundlage für die rentable Grünlandnutzung abgeben.

Immenstadt verdankt seine Stadtwerdung 1360 seiner wirtschaftlichen Bedeutung mit verkehrsgünstiger Lage zwischen Tirol und dem Bodensee. Als Amtssitz der Grafen Königsegg-Rothenfels spielte sie eine zentrale Rolle. Die stattliche Schlossanlage auf dem Marienplatz ist ein eindrucksvolles Zeugnis. Immenstadt war bis ins 20. Jahrhundert die einzige historisch geprägte Stadt in der Allgäuer Bergregion. Seitdem haben der Eisenbahnanschluss, die Industrieansiedlung und der Tourismus einen Strukturwandel und eine starke Ausweitung des Stadtgebietes bewirkt.

An der Nahtstelle zwischen den Molasserücken haben die Eismassen des Rhein- und des Illergletschers die Furche vertieft und eine Senke ausgeräumt. Im Konstanzer Achtal verlaufen seit Jahrhunderten die Ost-West-Verbindung der Straße (heute Alpenstraße), die Eisenbahn, die heutige Radroute und der Jakobsweg für Wallfahrer in Richtung Bodensee.

Oberstaufen
Markt
Stiefenhofen
Gde Missen-Wilhams
Missen
Wilhams
Thalkirchdorf
Konstanzer
Wiedemannsdorf
IMMENSTA
Großer Alpsee
Steibis
Imbergkamm
Hochgrat
Rindalphorn
Buralpkopf
Stuiben
Vorderer Prodel
Denneberg
Balderschwang
Hochhädrich
1566
Bolgenach
Feuerstätterkopf
1645
Sibratsgfäll
Amagmach
Winterstaude
1877
Schönbach Vorsäße
DEUTSCHLAND
ÖSTERREICH
Gottesacker
Hoher Ifen
Schwende
Riezlern
Hirschegg
Diedamskopf
2090
Schwarzwasserhtt.
Mittelberg
(1215)
Ghf. Neuhornbach
2039
Grünhorn
Au
Rehmen
Schoppernau
Argenau
Baad
201
Gräsalp
2135
Untschenspitze
Toblermann
2010
Widderstein
2533
Tobele A.
Hochkünzelsp.
2397
Hochtannbergpass
Hochkrumb.
1676
2403

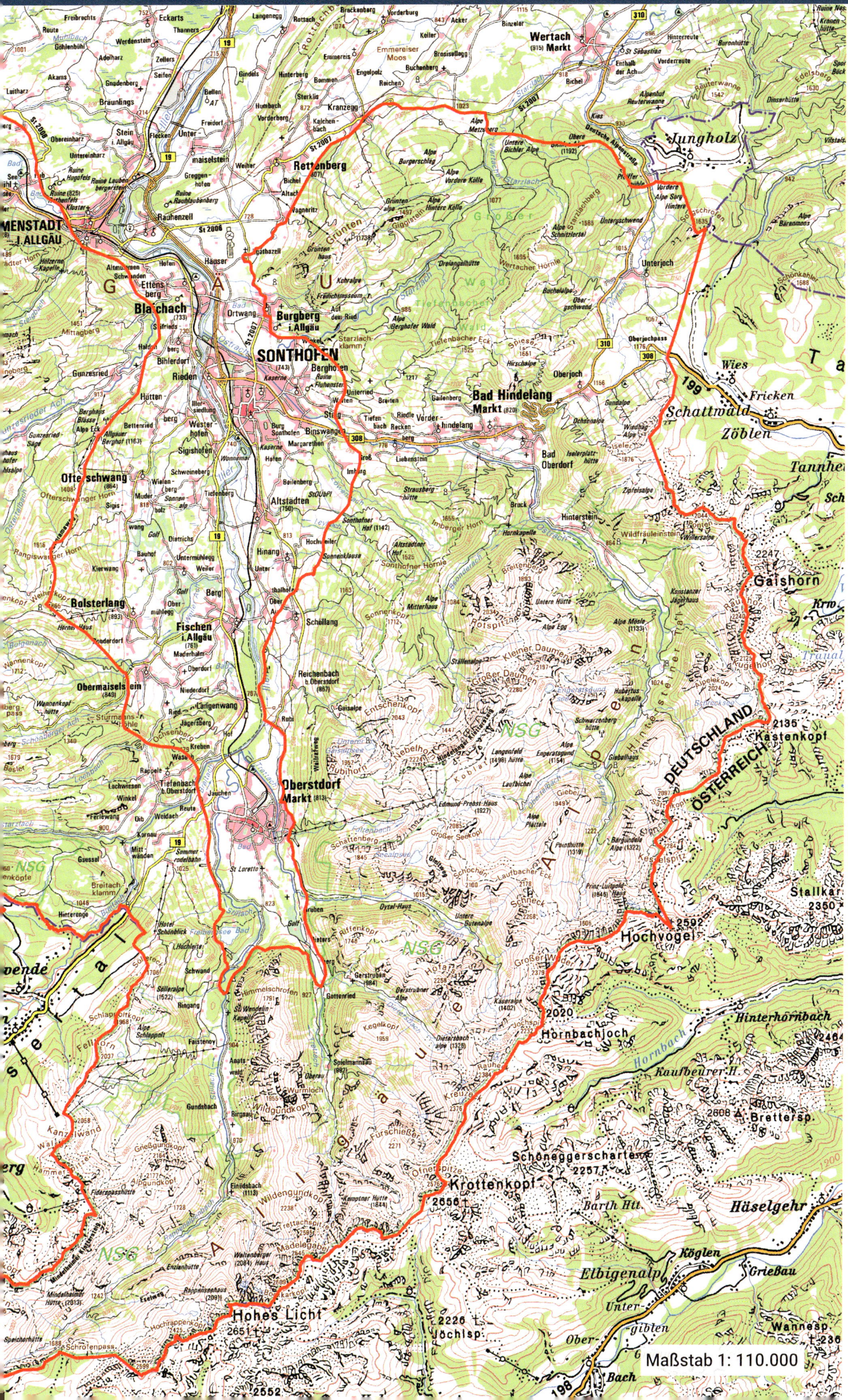
Wertach
Markt
Jungholz
Rettenberg
Burgberg i. Allgäu
SONTHOFEN
Blaichach
Bad Hindelang Markt
Oberjoch
Unterjoch
Bad Oberdorf
Hinterstein
Ofterschwang
Bolsterlang
Fischen i. Allgäu
Obermaiselstein
Oberstdorf Markt
Schattwald
Zöblen
Gaishorn
Kastenkopf
DEUTSCHLAND
ÖSTERREICH
Hochvogel
Hornbachjoch
Hinterhornbach
Kaufbeurer H.
Brettersp.
Schöneggerscharte
Krottenkopf
Barth Htt.
Häselgehr
Köglen
Elbigenalp
Grießau
Hohes Licht
Jöchlsp.
Wannesp.
Bach
Stallkar
NSG
Maßstab 1: 110.000

Blick von Süden über die sanft geformten Kuppen der Hörnergruppe mit Wald und Weideflächen auf die Südhänge der Nagelfluhkette vom Hochgrat (links) über Rindalphorn, Gündeleskopf und Stuiben bis zum Steineberg

Die ca. 20 km lange Nagelfluhkette zwischen den Gipfeln von Mittag über Stuiben, Rindalphorn, Hochgrat und Falken ist namengebend für den grenzüberschreitenden Naturpark, dessen geologische Vielfalt und starke Reliefunterschiede verantwortlich sind für die große Zahl unterschiedlicher Lebensräume für Flora und Fauna. Die enge Vernetzung von naturnahen Bergwäldern, Lichtungen, Feuchtwiesen und Bachläufen wird ergänzt von den Zeugnissen der Alpwirtschaft, die als Mittel- oder Hochalpen, im Sommer getrennt von den Talbetrieben bewirtschaftet werden. Vordeutsche Alpnamen belegen diese Nutzungsform seit mehr als 1000 Jahren. Eine Intensivierung der Sennereibetriebe setzte im 19. Jahrhundert auf der Grundlage der Käserei und Buttererzeugung nach den Reformen von Carl Hirnbein (1807–1871) ein. Traditionelle Bauformen haben sich in zahlreichen Beispielen erhalten. Typische Merkmale sind die Holzbauweise als Block- oder Ständerbau und die flachgeneigten Legschindeldächer. Kleine Heustädel (Heuschinden) sind wegen fehlender Nutzung dem Verfall ausgesetzt.

Die Gesteinsrippen der Faltenmolasse bestehen aus miteinander verbackenen Geröllen, die aussehen, als hätte man Nägel eingeschlagen. Nach einem Schweizer Begriff bezeichnet man sie deshalb als „Nagelfluh“, im Volksmund als „Herrgottsbeton“.

Alphütte Dürrehorn mit verschindelter Holzfassade am Südhang der Nagelfluhkette oberhalb Gunzesried-Säge

Blick über das hochgelegene „Tennenmoos“ auf die Hügel der Flyschzone, im Mittelgrund das Riedberger Horn (1783 m), im Hintergrund der Allgäuer Hauptkamm

Diese kulturlandschaftlichen Merkmale gelten auch für die nach Süden anschließende Flyschregion, die sich zwischen dem Gunzesrieder Tal und dem Verlauf der Riedbergpassstraße zwischen Bolsterlang und Balderschwang erstreckt. Sie gehört zu den Ablagerungen der „Kreidezeit“ und ist vom starken Wechsel zwischen Ton-, Sand- und Mergelschichten bis zu harten Kalkbänken gekennzeichnet Sie wird nach den typischen Bergformen als „Hörnergruppe“ benannt, das Riedberger Horn (1786 m) ist die touristisch bekannteste Erhebung als Winter- und Sommerziel. Die Gipfelzone der Hörner ist meist bewaldet, die flacheren Südhänge sind von Bergweiden durchsetzt. In den Siedlungen des Landschaftsschutzgebietes bildet der Tourismus die wirtschaftliche Grundlage, vor allem in der Wintersaison. Eine große Vielfalt an Hotels, Gasthöfen und Berghütten sowie zahlreiche Tourismuseinrichtungen sorgen für ein reiches Angebot. Dies gilt auch für die zahlreichen Talgemeinden im breit ausgeformten Illertal mit Sonthofen als Verwaltungsmittelpunkt des Landkreises Oberallgäu. Allerdings ist diese Talzone bis Oberstdorf nicht in die ausgewiesene Kategorie „Bedeutsame Kulturlandschaft“ aufgenommen.

Sanft geböschte Flyschberge rund um das Bleicherhorn bieten günstige Bedingungen für die Alpwirtschaft, die auf der Prinschen Alpe und der Höllritzen Alpe betrieben wird. Den Hintergrund bilden Sipplinger Kopf und Hochgrat/Rindalphorn der Nagelfluhkette.

Nach Süden schiebt sich als geologische Baueinheit eine Zone der Kreidezeit (Helvetikum) schildartig zwischen die Flyschablagerungen ein. Neben den Sand- und Mergelschichten bilden massige Kalkgesteine den Untergrund, die im Gipfel des Ifen (2230 m) mit dem Gottesackerplateau prägend in Erscheinung treten.

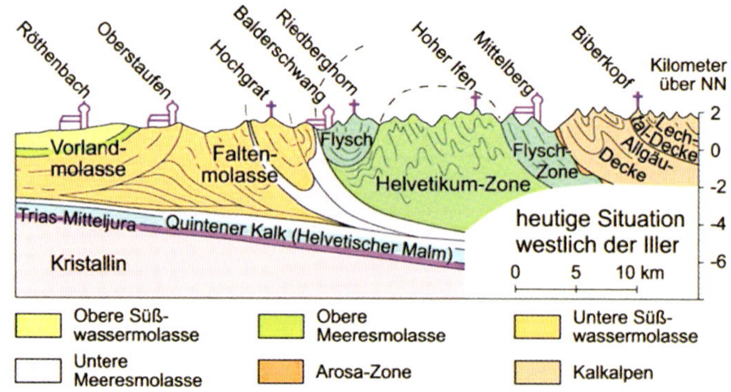

Die Gesteine, die heute am nördlichen Alpenrand direkt nebeneinanderliegen, waren vor etwa 100 Millionen Jahren noch hunderte Kilometer voneinander entfernt. Weit im Süden hatten sich die kalkalpinen Decken teilweise übereinander geschoben. Sie haben sich seit ca. 50 Millionen Jahren allmählich bis zur heutigen Struktur herausgehoben. Die unterschiedlichen Gesteinsablagerungen der Triasformation mit Fleckenmergel (Allgäudecke) und Hauptdolomit (Lechtaldecke) sind in der Vegetation und in der Vielfalt der Bergformen (steile Wände, scharfe Grate, grüne Grasflanken) ablesbar.

Blick über drei Baueinheiten der Allgäuer Alpen. Den Vordergrund beherrscht der Felsrücken des Besler mit dem Schrattenkalk der helvetischen Zone. Die Mitte durchzieht die begrünte Flyschzone mit dem Höhenrücken von Söllereck und Kanzelwand. Den Hintergrund bildet der Hauptkamm mit den schroffen Gipfeln vom Krottenkopf (links) über Kratzer, Trettachspitze/Mädelegabel (Mitte), zum Hohen Licht und Biberkopf.

Gunzesried, locker bebauter Ortskern mit Pfarrkirche St. Nikolaus. Rechts: Ein beliebtes Touristenziel im Gunzesrieder Tal ist die Otto-Schwegler-Hütte der Sektion Augsburg des Deutschen Alpenvereins.

Blick von Südwest auf den Gipfel des Grünten (1730 m) mit Sendemast des Bayerischen Rundfunks. Rechts: Blick von Ost auf den Gipfel des Grünten, die flachen Osthänge sind von Rodungsflächen für die Alpwirtschaft durchsetzt.

Dieser geologische Aufbau ist auch prägend für die ausgedehnte Waldzone auf der Ostseite des Illertales rund um den Grünten (1730 m). Dieser markante Felsrücken ist von allen Richtungen erkennbar und besitzt eine hohe Identifikationswirkung als „Wächter des Allgäus". Eine Besonderheit im geologischen Aufbau des Grünten sind die Eisenerzeinlagerungen der Kreidezeit. Sie wurden seit dem 15. Jahrhundert im Stollenbetrieb in beträchtlicher Menge abgebaut, mit Holzkohle verhüttet und zur Herstellung von Waffen, Ofenplatten oder Werkzeugen verwendet. Bergbauschächte und unterirdische Stollen sind zur Besichtigung zugänglich.

Ein besonderes Ziel für Wanderer ist das Grüntenhaus (1535 m), das älteste Berggasthaus mit Hüttencharakter im Allgäu. Es wurde 1853 auf Initiative des Großbauern und Unternehmers Carl Hirnbein (1807 - 1871) nach Schweizer Vorbild gebaut. Er hat damit den Bergtourismus in dieser Zeit erheblich gefördert und war gleichzeitig Initiator der Allgäuer Milch- und Käsewirtschaft. Vom Gipfel hat man einen hervorragenden Ausblick auf die höchsten Erhebungen der Allgäuer Kalkalpen, vom Hochvogel über Mädelegabel/Trettachspitze bis zum Hohen Licht/Biberkopf im Süden. Nach Osten reicht der Blick ins Tannheimer Tal und nach Tirol.

Unterirdischer Stollen für den jahrhundertelangen Eisenerzbergbau. Er ist im Rahmen der Erzgruben-Erlebniswelt zugänglich.

Berghaus unterhalb des Grüntengipfels, 1853 erbaut und bis heute ein beliebtes Ausflugsziel. Nach Südwesten hat man einen hervorragenden Blick auf die Struktur der Molasseketten (um 1880).

Bad Hindelang im Ostrachtal (825 m) mit Blick auf den Imberg

Der Zugang zu dieser Zone der Allgäuer Alpen mit den typischen Merkmalen eines Hochgebirges kann vom Illertal aus über den viel besuchten Kurort Bad Hindelang/Oberdorf erfolgen, der entsprechend dem Motto „Natur und Kultur" eine Vielfalt von naturkundlichen und kulturlandschaftlichen Zeugnissen bietet. Eine Besonderheit bilden die Dorflage von Hinterstein und das anschließende obere Ostrachtal mit Kapellen, Alphütten, Bergmähdern, Buckelwiesen und Resten der Eisenverarbeitung. Der direkte Weg verläuft über das obere Illertal und das Becken von Oberstdorf. Der flache Kessel war am Ende der Eiszeit ein Stausee, der von den Geröllen der einmündenden Gebirgsbäche aufgefüllt wurde. Das ehemalige Moor- und Sumpfgelände wird seit Jahrhunderten als Grüngebiet genutzt und ist in jüngster Zeit immer mehr von Siedlungen, Straßen und touristischer Infrastruktur belegt worden. Die Fortsetzung auf alpinen Wanderwegen und Radrouten verläuft in den Talböden von Stillach und Trettach mit Alphütten und Bergweiden.

Das Ostrachtal mit dem Dorf Hinterstein liegt in der Flyschzone und wird umrahmt von den Gipfeln der Kalkalpen, vom Bschießer/Ponten bis zu Geißhorn, Rauhhorn und Kugelhorn.

Bad Hindelang. Am Standort einer ehemaligen Kapelle auf dem Pestfriedhof wurde im 18. Jahrhundert die Dreifaltigkeitskapelle errichtet, die 1939 in den Besitz der evangelischen Pfarrgemeinde kam und 1958 mit einem Rundbau erweitert wurde.

Ackerterrassen unter Grünland zwischen Sonthofen und Hindelang weisen auf die ehemalige Feldwirtschaft hin. Die „Heinzen" (Vordergrund unten) sind Zeugnis für die traditionelle Handarbeit. Rechts: Grünlandwirtschaft mit technischer Ausrüstung wird heute überall praktiziert. Im Hintergrund Rotspitze und Nebelhorn.

Sennalpe Breitengehren (1156 m) im Rappenalptal. Benachbart wurde ein Neubau errichtet. Rechts: Der Weiler Gestruben (1154 m) im Dietersbachtal bestand ursprünglich aus zehn Bauernhöfen bei einer Wegkapelle. Einige Beispiele in der typischen Blockbauweise mit schindelgedecktem Dach sind als Denkmalensemble erhalten. Im Hintergrund ragt der markante Gipfel der Höfats (2258 m) auf.

Das Breitachtal, als Kleinwalsertal ein beliebtes Touristenziel, gehört zu Österreich, Bundesland Vorarlberg.

Sehr lohnend ist ein Abstecher in die schmalen, schluchtartig eingeschnittenen Täler des Dietersbachs, des Oybachs, des Traufbachs und des Rohrmooser Tales. Engstellen wechseln mit Talweitungen, Hängetäler münden von den Steilflanken ein. Der Gasthof „Einödsbach“ im Stillachtal bildet die südlichste Dauersiedlung Deutschlands, das „Haldenwanger Eck“ beim Gipfel des Biberkopfs ist der südlichste Punkt. Unter den kulturlandschaftlichen Zeugnissen haben die Gipfelkreuze einen besonderen Stellenwert. Sie sind mehr als eine Zierde auf dem höchsten Punkt. Ein Kreuz auf dem Gipfel ist in erster Linie ein religiöses Zeichen, es bedeutet Lob und Dank an den Schöpfer. Bezeichnenderweise wurde das erste monumentale Kreuz vor mehr als 200 Jahren auf dem Großglockner (3798 m) auf Wunsch des Fürstbischofs von Kärnten aufgestellt. Gipfelkreuze sind auch ein Zeichen des Respekts für die Natur und die Umwelt und haben damit eine spirituelle Bedeutung. Gipfelkreuze gehören in einem christlich geprägten Raum zur Kulturlandschaft ähnlich wie Feld- oder Dorfkreuze.

Kapelle St. Katharina beim Weiler Einödsbach mit Blick auf den Allgäuer Hauptkamm. Rechts: Vom Gipfelkreuz auf dem Ofterschwanger Horn (1408 m) blickt man über das Illertal auf die Zone der bewaldeten Flyschberge (Sonnenköpfe – Entschenkopf) und die schneebedeckten Gipfel der Kalkalpen.

Westallgäu zwischen Gestratz, Grünenbach und Stiefenhofen

Typische Kulturlandschaft des Westallgäus zwischen Stiefenhofen (links) und Heimhofen (rechts). Kleine Dörfer, Weiler und Einzelhöfe verteilen sich zwischen den Wiesen auf flachen Hügeln und Mulden.

Charakteristische Reliefformen des Eiszeitalters prägen mit mittelsteilen Hängen, flachen Mulden und schmalen Talböden das Landschaftsbild. Die eiszeitlichen Ablagerungen des Iller- bzw. Rheingletschers überkleiden als Grundmoränen mit Lehm und Schotter nahezu überall den Untergrund. Drumlins, kleine Moore und Tobel bilden glaziale Elemente im Landschaftsbild. Die dominierende Grünlandwirtschaft ist das Ergebnis einer Spezialisierung auf die Milchviehhaltung für die Käse- und Butterproduktion seit der Mitte des 19. Jahrhunderts Carl Hirnbein (1807–1871) aus Missen und Aurel Stadler (1778–1837) aus Oberstaufen waren die Pioniere für die Umstellung vom unrentablen Getreidebau auf die Grünlandnutzung für die Käseproduktion. Relief, Bodenart und Klima begünstigten in Verbindung mit der Streusiedlung und den Einödfluren diese Nutzungsweise als optimale Anpassung an die Naturbedingungen. Die Siedlungsstruktur mit Weilern und Einzelhöfen ist das Ergebnis der sog. Vereinödung, die vom Fürststift Kempten im 16. Jahrhundert ausging und in weiten Teilen des Allgäus nach und nach umgesetzt wurde. Am Beispiel des Dorfes Schönau lassen sich der Ablauf und die Ergebnisse noch ablesen. Das Dorf liegt in einem flachen Becken umrahmt von Moränenhügeln. 1772 wurde eine umfassende Zusammenlegung aller Grundstücke und eine komplette Neugestaltung der Gemeindeflur durchgeführt. Dabei wurden auch die Straßen zu den Nachbarorten ausgebaut und die Flur erschlossen.

Die lockere Besiedlung mit kleinen Dörfern, Weilern und Einzelhöfen prägt bis heute die Siedlungsstruktur, beispielhaft seien die Gemeinden Gestratz mit 35 oder Stiefenhofen mit 25 Ortsteilen genannt. Einfirsthöfe bilden mit verschindelten Fassaden die prägenden Siedlungselemente. Typisch für die Kulturlandschaft ist die enge Verknüpfung von Mähwiesen, hofnahen Weideflächen und anschließenden Alpweiden.

Weiler Schönau (Lkr. Lindau) in einem flachen Becken zwischen den Moränenhügeln, zahlreiche Höfe sind im 19. Jahrhundert ausgesiedelt worden.

Heimhofen, ein typischer Westallgäuer Bauernhof mit verschindelter Fassade

Gestratz, Ortskern mit Pfarrkirche und Rathaus

Gestratz, Rathaus

Einige Dorfkirchen beherbergen bedeutsame Kunstwerke, zahlreiche Kapellen und Flurdenkmäler sind Zeichen des religiösen Sinns und der Volksfrömmigkeit. Der Ortskern von Gestratz ist als Ensemble in die Denkmalliste eingetragen. Am Kreuzungspunkt alter Straßen im Tal der Oberen Argen entstand im 9. Jahrhundert das Dorf mit der Kirche St. Gallus, die 1437 neu erbaut und mit einem Freskenzyklus völlig ausgemalt wurde. Kirche, Pfarrhof, Rathaus und ehemalige Schule markieren den Gemeindemittelpunkt, der mit der „Argenhalle“ als Veranstaltungszentrum ergänzt wurde.
Mit dem Bau der Eisenbahn von Kempten zum Bodensee über Oberstaufen, Immenstadt und Röthenbach nach Lindau erhielt das Westallgäu Anschluss an die städtischen Absatzmärkte. Die neue Verkehrsverbindung spielte im 20. Jahrhundert eine wichtige Rolle für den Tourismus, der sich in den letzten Jahrzehnten kräftig entwickelte. Ein Glücksfall war es, dass die geplante Autobahn von Kempten zum Bodensee über das Weitnauer Tal und durch einen Tunnel unter der Riedholzer Kugel nicht verwirklicht werden konnte.

Frauenschuh, geschützte Orchideenart in einem Hohlweg bei Röthenbach

Blick über die Streusiedlungslandschaft und das bewaldete Hügelland

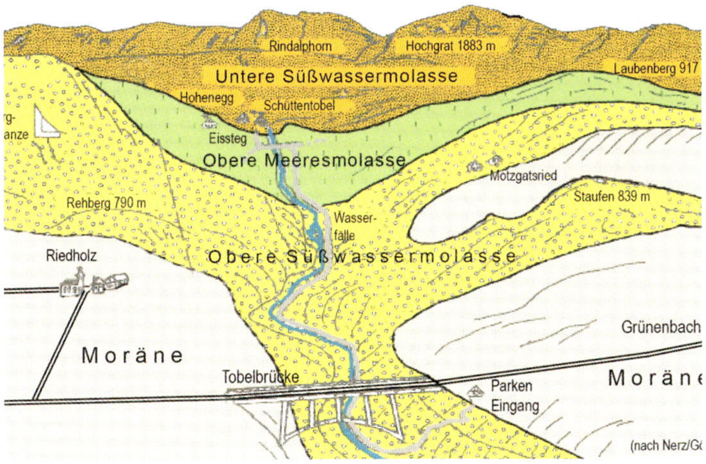

Blick in die Erdgeschichte – die geologischen Strukturen im Einschnitt des Eistobels reichen von den Moränen der Eiszeiten über die Obere bis zur Unteren Süßwassermolasse an der Bergkette des Hochgrat (Geologische Skizze von Wolfram Benz nach Nerz, 2013).

Blick aus der Vogelperspektive über die bewaldete Furche des Eistobels bis zu den Gipfeln der Nagelfluhkette

Auf zahlreichen Wanderwegen kann man die vielseitigen Naturräume und die abwechslungsreiche Kulturlandschaft erkunden. Ein Höhepunkt ist dabei eine Wanderung durch den Eistobel, von der Talbrücke bei Riedholz bis Schüttentobel. Sie bietet eine Zeitreise durch Erdschichten von heute bis vor ca. 20 Millionen Jahren.

Das Durchbruchstal der Oberen Argen durch die Faltenmolasse ist ein herausragendes Naturdenkmal und ein Schaufenster in die Erdgeschichte. Es entstand vor ca. 15.000 Jahren, als sich gegen Ende der letzten Eiszeit das aufgestaute Schmelzwasser eine Abflussrinne anlegte, die sich immer stärker eintiefte. Aufgrund der Wechsellagerung von Sand und Mergel mit harten Nagelfluhbänken in den Molasseschichten und deren unterschiedlichem Erosionsverhalten entstanden schmale Schluchten, weite Mulden, Wasserfälle und Strudellöcher auf engem Raum. Der Name Eistobel geht auf die bizarren Eisbildungen im Winter zurück. Er steht als Geotop unter Naturschutz und bildet einen besonderen Akzent.

Rechte Spalte:
Stromschnellen und Strudellöcher im Flussbett der Oberen Argen (Eistobel) entstanden durch die unterschiedliche Erosion des Gesteinsuntergrunds.

Die ca. 3 km lange Eintiefung der Oberen Argen in die Molasseschichten erhielt den Namen Eistobel wegen der Eisbildungen im Winter.

Wasserfall im Eistobel

Bodenseegebiet um Oberreitnau und Bodolz

Schwaben hat am ausgedehnten Bodenseebecken nur einen kleinen Flächenanteil. Die dortige Kulturlandschaft ist von den naturräumlichen Gegebenheiten, insbesondere vom milden Seeklima geprägt und hat sich im letzten Jahrhundert durch den regen Tourismus erheblich verändert.

Abgerückt von dem dicht besiedelten und verkehrsmäßig stark beanspruchten Bodenseeufer hat sich in der kleinstrukturierten Moränenlandschaft des ehemaligen Rheingletschers zwischen Oberreitnau, Weißensberg, Bodolz und Hattnau eine intensiv genutzte Grünlandzone ausgebreitet. Zwischen den langgestreckten Drumlinhügeln sind Feuchtwiesen und kleine Moore als wichtige Biotope erhalten. Der Wald ist auf wenige Standorte an den Höhenrücken zurückgedrängt worden. Mit einigen Dörfern, Weilern und Einzelhöfen dominiert die Streusiedlung. Dazu kommt seit Jahrhunderten als Sonderkultur der Obstbau, der neben der Eigenversorgung seit mehr als 100 Jahren auch eine wichtige Einnahmequelle darstellt. Auf südexponierten Hängen hat sich auch der Weinbau verbreitet.

Blick vom Südrand der Kulturlandschaft über Obstplantagen und Wald auf die Uferzone des Bodensees mit Lindau, im Hintergrund ein Ausschnitt der Vorarlberger Berge

Oberreitnau, Gasthaus zum Adler, Fachwerkbau im Kern um 1600

Unterreitnau breitet sich zwischen Wiesen, Bäumen und Obstanlagen aus. Die Pfarrkirche war früher eine Marienwallfahrt.

Die Bautätigkeit bis hin zu Gewerbebetrieben und Tourismuseinrichtungen hat in jüngster Zeit die historischen Ortsformen zerfasert und beträchtlich ergänzt. Vielerorts haben dichte Obstplantagen mit Niederstämmen die Bäume auf den Streuobstwiesen verdrängt. Damit sind auch ökologische Ausgleichsflächen und landschaftsprägende Baumbestände gefährdet. Der Bund Naturschutz und die Landschaftspflegeverbände kümmern sich um die Erhaltung der Kulturlandschaft, fördern Neupflanzungen mit alten Obstsorten und bieten Streuobstwanderungen an. Auf ausgeschilderten Lehrpfaden kann man den ökologischen Wert und die landschaftsprägende Wirkung näher kennenlernen.

Spirituelle Landschaftselemente wie Kapellen, Bildstöcke oder Flurkreuze bilden besondere Akzente an exponierten Stellen der Kulturlandschaft und erinnern an den frommen Sinn unserer Vorfahren. Die Antonius-Kapelle bei Selmnau ist gelegentlich Ziel von Wallfahrern, die auch auf dem Jakobsweg diese Landschaft durchwandern.

Seit mehr als 100 Jahren bildet der Obstanbau mit Äpfeln, Birnen und Kirschen eine wichtige Einnahmequelle. In jüngerer Zeit ist dazu der Wein- und Hopfenanbau in Plantagenform gekommen.

Kapelle St. Antonius bei Selmnau über Streuobstwiesen und Obstplantagen. Unten: Intensive Landnutzung für vielseitigen Obstanbau

Literatur

Naturraum und Landschaft

Augsburger Allgemeine (2013): Über Land. Einzigartige Luftaufnahmen unserer Heimat. Fotografiert von Ulrich Wagner. Augsburg.

Bayer. Landesamt für Umwelt [Hrsg.] (2009): Geotope in Schwaben. Augsburg.

Eberl, Barthel (1930): Die Eiszeitenfolge im nördlichen Alpenvorland. Ihr Ablauf, ihre Chronologie auf Grund der Aufnahmen im Bereich des Iller-Lech-Gletschers. Augsburg.

Elgaß, Peter u. a. (2009): Naturpark Nagelfluhkette. Natur, Kultur und Menschen im Allgäu und in Vorarlberg. Immenstadt-Werdenstein.

Fassl, Peter [Hrsg.] 1990: Natur und Landschaft in Schwaben. Irseer Schriften 1. Irsee.

Frei, Hans (1977): Schwaben und seine Landschaften – Naturräumliche Vielfalt. In: Frei, Hans [Hrsg.]: Im Flug über Schwaben. Eine Landeskunde mit 80 farbigen Luftbildern, 2. Aufl., Weißenhorn, S. 13–31.

Jerz, Hermann (1993): Das Eiszeitalter in Bayern. Stuttgart.

Oblinger, Hermann (1994): Es grünt und blüht in Schwaben. Über die Pflanzenwelt eines bayerischen Bezirks. Augsburg, Gessertshausen.

Penck, Albrecht / Brückner, Eduard (1909): Die Alpen im Eiszeitalter. Drei Bände, Leipzig.

Pfeuffer, Eberhard (2010): Der Lech. Augsburg.

Regierung von Schwaben [Hrsg.] (2017): Unser Naturerbe in Schwaben. Natura 2000 gemeinsam und erfolgreich umsetzen. Augsburg.

Sauter, Ulrich (2020): Generationenvertrag Wald. Verantwortung und Leidenschaft. Mit historischen Aufnahmen von Lala Aufsberg. Ofterschwang.

Schaefer, Ingo (1995): Das Alpenvorland im Zenit des Eiszeitalters. 2 Bde., Stuttgart.

Schneider, Michael F. (2020): Naturgeschichte Allgäu. Geologie, Biogeographie, Flora, Fauna, Naturschutz. 4. Aufl., Thalhofen.

Scholz, Herbert (2015): Bau und Werden der Allgäuer Landschaft zwischen Lech und Bodensee. Eine süddeutsche Erd- und Landschaftsgeschichte. 3. Aufl., Stuttgart.

Stechele, Josef u. a. (1988): Naturpark Augsburg Westliche Wälder. Wanderparadies zwischen Donau, Schmutter, Wertach und Mindel. Augsburg.

Zielonkowski, Wolfgang / Preiß, Herbert / Heringer, Josef (1986): Natur und Landschaft im Wandel. (= Sonderdruck aus Berichte der ANL 10/1986). Laufen/Salzach.

Grundzüge der Geschichte Schwabens

Ansbacher, Walter (2019): Orden und Klöster im Bistum Augsburg um 1900 und 2002. In: Frei, Hans / Hetzer, Gerhard / Kießling, Rolf [Hrsg.]: Historischer Atlas von Bayerisch Schwaben. 2. Aufl., 6. Lfg., Augsburg, Karte VIII, 16 und 17.

Bayerisches Landesamt für Denkmalpflege (1985): Die Römer in Schwaben. München.

Czysz, Wolfgang / Dietz, Karlheinz / Fischer, Thomas / Kellner, Hans-Jörg (1995): Die Römer in Bayern. Stuttgart.

Draf, Dieter (1992): Schwaben – Bayern – Europa. Zukunftsperspektiven der bayerischen Bezirke. Festschrift für Dr. Georg Simnacher. St. Ottilien.

Ellenberg, Heinz (1990): Bauernhaus und Landschaft in ökologischer und historischer Sicht. Stuttgart.

Frei, Hans [Hrsg.] (1979): 50 Jahre Heimatpflege in Schwaben 1929–1979. Entwicklungen, Erfahrungen, Ergebnisse. Augsburg.

Frei, Hans (1982): Lebendiges Schwaben. Vom Ries zum Allgäu. 2. Aufl., Augsburg.

Frei, Hans (1997): Historische Städte an der schwäbischen Donau. In: Klimm, Peter / Schiedermair, Werner [Hrsg.]: Hans Frei. „Für Schwaben". Erforschen, Bewahren, Fortführen. Oberschönenfeld, S. 77–87.

Frei, Hans (2010): Museen in Schwaben – Geschichte, Museumsarten, regionale Bezüge. In: Frei, Hans / Fried, Pankraz / Kießling, Rolf [Hrsg.]: Historischer Atlas von Bayerisch Schwaben. 2. Aufl., 5. Lfg., Augsburg, Karte IX,1.

Frei, Hans [Hrsg.] (1977): Im Flug über Schwaben. Eine Landeskunde mit 80 farbigen Luftbildern. 2. Aufl., Weißenhorn.

Frei, Hans u. a. (1987): Schwaben. Kunstfahrten zwischen Lech und Bodensee. München.

Frei, Hans [Hrsg.] (2001): Museen in Schwaben. Ein Führer zu 190 Sammlungen, Schlössern und Gedenkstätten zwischen Bodensee und Ries. 3. Aufl., Lindenberg.

Frei, Hans / Fried, Pankraz / Schaffer, Franz [Hrsg.] (1982 ff.): Historischer Atlas von Bayerisch Schwaben. 2. Aufl., 1.–4. Lfg., Augsburg.

Frei, Hans / Hetzer, Gerhard / Kießling, Rolf [Hrsg.] (2019): Historischer Atlas von Bayerisch Schwaben. 2. Aufl., 6. Lfg., Augsburg.

Fried, Pankraz (1994): Bayerisch-Schwaben. Grundzüge der geschichtlichen Entwicklung. 2. Aufl., München.

Heinze, Stefan (1995): Die Region Bayerisch-Schwaben. Studien zum schwäbischen Regionalismus im 19. und 20. Jahrhundert. Augsburg.

Hollo, Harald [Hrsg.] (2003): Bayerisch-Schwaben. Blickpunkte. Augsburg.

Kießling, Rolf (2013): Kleine Geschichte Schwabens. 2. Aufl., Regensburg.

Kießling, Rolf / Ullmann, Sabine (2019): Jüdische Niederlassungen in Schwaben. In: Frei, Hans / Hetzer, Gerhard / Kießling, Rolf [Hrsg.]: Historischer Atlas von Bayerisch Schwaben. 2. Aufl., 6. Lfg., Augsburg, Karte XII, 6–8.

Klimm, Peter [Hrsg.] (1996): Bayerisch Schwaben. Schönes Land zwischen Ries und Bodensee. 2. Aufl., Konstanz.

Kolleffel, Johann Lambert (1974): Schwäbische Städte und Dörfer um 1750. Weißenhorn.

Körner, Hans-Michael / Schmid Alois [Hrsg.] (2006): Handbuch der Historischen Stätten. Bayern I: Altbayern und Schwaben. Stuttgart.

Landesstelle für die nichtstaatlichen Museen [Hrsg.] (2010): Handbuch der Museen in Bayern. 5. Aufl., München.

Krauss, Marita / Lindl, Stefan (2021): Landschaft. Umwelt. Identität: Die Region Bayerisch-Schwaben im Vergleich. München.

Layer, Adolf (1977): Aus der Geschichte Schwabens – Reiches kulturelles Erbe. In: Frei, Hans [Hrsg.]: Im Flug über Schwaben. Eine Landeskunde mit 80 farbigen Luftbildern. 2. Aufl., Weißenhorn, S. 57–85.

Müller, Rainer (1985): Aufbruch ins Industriezeitalter 1750–1850. München.

Paulus, Christof / Fleischer, Wolfgang (2016): Schwaben als Geschichtslandschaft. In: Frei, Hans / Stettmayer, Friedrich [Hrsg.]: Schwaben in Bayern. Historisch-geographische Landeskunde eines Regierungsbezirks. Lindenberg, S. 84–121.

Schaffer, Franz (1977): Schwaben im Wandel – Perspektiven der räumlichen Entwicklung. In: Frei, Hans [Hrsg.]: Im Flug über Schwaben. Eine Landeskunde mit 80 farbigen Luftbildern, 2. Aufl., Weißenhorn, S. 161–183.

Schaul, Bernd-Peter [Bearb.] (1986): Denkmäler in Bayern. Band VII: Schwaben. Ensembles, Baudenkmäler, Archäologische Geländedenkmäler. München.

Schiedermair, Werner [Hrsg.] (2020): Klosterland Bayerisch Schwaben. 3. Aufl., Lindenberg.

Schneider, Thomas [Hrsg.] (2013): Geographische Exkursionen in Bayerisch-Schwaben und benachbarten Gebieten. 3. Aufl., Augsburg.

Schreiner, Klaus (2003): Schwäbische Barockklöster. Glanz und Elend klösterlicher Gemeinschaften. Lindenberg.

Sponsel, Wilfried (2006): Burgen, Schlösser und Residenzen in Bayerisch-Schwaben. Augsburg.

Weigand Bernd J. / Weigand, Harry (1986): Unterwegs in Bayerisch-Schwaben und im Allgäu. Landschaft – Kunst – Geschichte. Regensburg.

Zorn, Wolfgang [Hrsg.] (1955): Historischer Atlas von Bayerisch-Schwaben. Augsburg.

Bedeutsame Kulturlandschaften im Spannungsfeld zwischen Erhaltung und Veränderung

Bayerisches Landesamt für Umwelt [Hrsg.] (2014): Bedeutsame Kulturlandschaften in Bayern – Entwurf einer Raumauswahl. (https://www.lfu.bayern.de/natur/kulturlandschaft/bedeutsam/index.htm)

Bayerischer Landesverein für Heimatpflege e. V. [Hrsg.] (2005): Historische Kulturlandschaft. Erhalt und Pflege. (= Heimatpflege in Bayern; Bd. 1). München.

Bayerisches Staatsministerium für Landwirtschaft und Forsten [Hrsg.] (2001): Historische Kulturlandschaften. (= Materialien Heft 39/2001). München.

Flurbereinigungsdirektion Krumbach [Hrsg.] (1976): Flurbereinigung in Schwaben 1951–1976. Eine Dokumentation. Krumbach.

Frei, Hans (1984): Kulturlandschaft – eine gemeinsame Aufgabe von Heimatpflege und Naturschutz. In: Treml, Manfred [Hrsg.]: Fortbildung von Lehrern aller Schularten in Fragen des Denkmalschutzes und der Kulturlandschaftspflege. Ein Modellversuch. Denkmalschutz und Kulturlandschaftspflege. München, S. 55–62.

Frei, Hans (1985): Haus, Hof und Dorf und ihre Beziehung zu den natürlichen Gegebenheiten am Beispiel von Bayerisch-Schwaben. In: Hartl, Martin / Englschalk, Willi [Hrsg.]: Geographie, Naturwissenschaft und Geisteswissenschaft. Regensburg, S. 409–419.

Frei, Hans / Stettmayer, Friedrich [Hrsg.] (2016): Schwaben in Bayern. Historisch-geographische Landeskunde eines Regierungsbezirks. Lindenberg.

Gebhard, Helmut / Frei, Hans [Hrsg.] (1999): Bauernhäuser in Bayern. Bd. 7 Schwaben. München.

Götzger, Heinrich / Prechter, Helmut (1960): Das Bauernhaus in Bayern. Regierungsbezirk Schwaben. München.

Gunzelmann, Thomas (1987): Die Erhaltung der historischen Kulturlandschaft. Angewandte Historische Geographie des ländlichen Raumes mit Beispielen aus Franken (= Bamberger wirtschaftsgeographische Arbeiten; 4). Bamberg.

Hatz, Wolfgang (2019): Landwirtschaft und Wandel der Kulturlandschaft 1949–2016. In: Frei, Hans / Hetzer, Gerhard / Kießling, Rolf [Hrsg.]: Historischer Atlas von Bayerisch Schwaben. 2. Aufl., 6. Lfg., Augsburg, Karte IV, 7–8.

Konold, Werner / Beck, Rainer [Hrsg.] (1996): Naturlandschaft – Kulturlandschaft. Die Veränderung der Landschaften nach der Nutzbarmachung durch den Menschen. Landsberg.

Krauss, Marita / Lindl, Stefan [Hrsg.] (2021): Landschaft. Umwelt. Identität. Die Region Bayerisch-Schwaben im Vergleich. München.

Küster, Hansjörg (1995): Geschichte der Landschaft in Mitteleuropa. Von der Eiszeit bis zur Gegenwart. München.

Landespflege Freiburg / Landesanstalt für Umwelt [Hrsg.] (2014): Kulturlandschaften in Baden-Württemberg. Karlsruhe.

Poschlod, Peter (2017): Geschichte der Kulturlandschaft. Entstehungsursachen und Steuerungsfaktoren der Entwicklung der Kulturlandschaft, Lebensraum- und Artenvielfalt in Mitteleuropa. 2. Aufl., Stuttgart.

Raumordnungsplanung und Kulturlandschaft (2008/5). In: Informationen zur Raumentwicklung.

Schenk, Winfried (2000): Zum nachhaltigen Umgang mit räumlichen historischen Werten in der bundesdeutschen Planung. Berichte zur deutschen Landeskunde. Bd. 74, S. 221–234. Flensburg.

Schenk, Winfried (2006): Historische Kulturlandschaftsforschung im Spannungsfeld von älteren Ansätzen und aktuellen Fragestellungen und Methoden. Bonn.

Schenk, Winfried / Fehn, Klaus / Denecke, Dietrich [Hrsg.] (1997): Kulturlandschaftspflege. Beiträge der Geographie zur räumlichen Planung. Stuttgart.

Wieland, Dieter (2003): Bauen und Bewahren auf dem Land. Bonn.

Kartierung der historischen Kulturlandschaft

Bayerisches Landesamt für Umwelt [Hrsg.] (2014): Bedeutsame Kulturlandschaften in Bayern – Entwurf einer Raumauswahl. (https://www.lfu.bayern.de/natur/kulturlandschaft/bedeutsam/index.htm)

Bayerischer Landesverein für Heimatpflege e. V. u. a. [Hrsg.] (2013): Historische Kulturlandschaftselemente in Bayern. (= Heimatpflege in Bayern; Bd. 4). München.

Büttner, Thomas (2017): Kulturlandschaftsinventarisation Steigerwald. Ein Projekt zur Stärkung gelebter Traditionen und des Kulturerbes. In: Bayerischer Landesverein für Heimatpflege e.V. [Hrsg.]: Schönere Heimat, 106. Jg., Heft 3, S. 202–210.

Büttner, Thomas / Kemmler, Johanna [Hrsg.] (2020): Kulturlandschaft erfassen, Heimat entdecken! Im Ehrenamt aktiv: Bericht zum LEADER-Kooperationsprojekt „Erfassung (historischer) Kulturlandschaft" mit ausgewählten Beispielen. Scheinfeld.

Gunzelmann, Thomas (2001): Denkmalpflege und historische Kulturlandschaft. In: Vereinigung der Landesdenkmalpfleger in der Bundesrepublik Deutschland [Hrsg.]: Arbeitsblätter, Nr. 16. Wiesbaden.

Gunzelmann, Thomas (2008): Das Spannungsfeld zwischen Expertentum und Ehrenamt bei der Erfassung und der Erhaltung der historischen Kulturlandschaft. In: Bund Heimat und Umwelt in Deutschland [Hrsg.]: Kulturlandschaftliche Informationssysteme in Deutschland. Bonn, S. 116–122.

Hilpert, Markus (2019): Historische Kulturlandschaftselemente im Landkreis Aichach-Friedberg. In: Frei, Hans / Hetzer, Gerhard / Kießling, Rolf [Hrsg.]: Historischer Atlas von Bayerisch Schwaben. 2. Aufl., 6. Lfg., Augsburg, Karte IV, 6.

Hilpert, Markus / Mahne-Bieder, Johannes (2016): Inventarisierung der historischen Kulturlandschaft. Methoden und Ergebnisse einer Bestandsaufnahme im Wittelsbacher Land. In: Natur und Landschaft, 91. Jg., Heft 8, S. 366–373.

Hönes, Ernst-Rainer (2005): Historische Kulturlandschaft zwischen allen Stühlen? Einordnung in die rechtliche Rahmensituation in der Bundesrepublik Deutschland mit Ausblicken nach Europa. In: Bayerischer Landesverein für Heimatpflege e.V. [Hrsg.]: Historische Kulturlandschaft – Erhalt und Pflege. München, S. 35–58.

Klinkhammer, Burkhard / Peters, Jürgen (2000): Kulturhistorische Landschaftselemente: Systematisieren, kartieren und planen – Untersuchungen in Brandenburg. In: Naturschutz und Landschaftsplanung, 32. Jg., Heft 5, S. 147–152.

Kühne, Olaf / Bruns, Diedrich (2015): Gesellschaftliche Transformation und die Entwicklung von Landschaft. Eine Betrachtung aus der Perspektive der sozialkonstruktivistischen Landschaftstheorie. In: Kühne, Olaf / Gawronski, Krzysztof / Hernik, Józef [Hrsg.]: Transformation und Landschaft. Die Folgen sozialer Wandlungsprozesse auf Landschaft. Wiesbaden, S. 17–34.

Landkreis Augsburg [Hrsg.] (2020): Historische Kulturlandschaft im Landkreis Augsburg. Katalog und Übersichtskarte. Augsburg.

Leicht, Hans / Gabel, Gerhard (2005): Historische Kulturlandschaft – Naturschutz und Landschaftspflege. In: Bayerischer Landesverein für Heimatpflege e.V. [Hrsg.]: Historische Kulturlandschaft – Erhalt und Pflege. (= Heimatpflege in Bayern; Bd. 1). München, S. 17–22.

Pfundner, Thomas (2016): Grenzsteine in Bayerisch-Schwaben. Weißenhorn.

Stegmann, Veronika / Reinke, Markus (2013): Bürger im Einsatz für die Kulturlandschaft. Modell einer ehrenamtlichen Kulturlandschaftserfassung. In: Bayerischer Landesverein für Heimatpflege e. V. [Hrsg.]: Schönere Heimat, 102. Jg., Heft 1, S. 24–32.

Thierer, Manfred (2006): Natur- und Kulturerbe württembergisches Allgäu – Ergebnisse einer Bestandsaufnahme der Natur- und Kulturlandschaft. Leutkirch.

Bedeutsame Kulturlandschaften – Sehen – Verstehen – Vermitteln

Bayerisches Landesamt für Denkmalpflege [Hrsg.] (1958 ff.): Bayerische Kunstdenkmale („Kurzinventare"). München. (verschiedene Bände zu einzelnen Teilregionen).
Bayerisches Landesvermessungsamt [Hrsg.] (1968): Topographischer Atlas Bayern. München.
Klimm, Peter [Hrsg.] (1996): Bayerisch Schwaben. Schönes Land zwischen Ries und Bodensee. 2. Aufl., Konstanz.
Frei, Hans [Hrsg.] (1977): Im Flug über Schwaben. Eine Landeskunde mit 80 farbigen Luftbildern. 2. Aufl., Weißenhorn.
Frei, Hans (1983): Wandel und Erhaltung der Kulturlandschaft. Der Beitrag der Geographie zum kulturellen Umweltschutz. In: Berichte zur deutschen Landeskunde 57. Trier, S. 277–290.
Frei, Hans / Stettmayer, Friedrich [Hrsg.] (2016): Schwaben in Bayern. Historisch-geographische Landeskunde eines Regierungsbezirks. Lindenberg.
Gunzelmann, Thomas / Schenk, Winfried (1999): Kulturlandschaftspflege im Spannungsfeld von Denkmalpflege, Naturschutz und Raumordnung. Erhaltung und Entwicklung gewachsener Kulturlandschaften. In: Informationen zur Raumentwicklung 5/6 (1999), S. 347–360.
Haber, Wolfgang (2001): Kulturlandschaft zwischen Bild und Wirklichkeit. Die Zukunft der Kulturlandschaft zwischen Verlust, Bewahrung und Gestaltung. In: Akademie für Raumforschung und Landesplanung [Hrsg.]: Die Zukunft der Kulturlandschaft zwischen Verlust, Bewahrung und Gestaltung. (= Forschungs- und Sitzungsberichte der Akademie für Raumforschung und Landesplanung; Bd. 215). Hannover, S. 6–29.
Hampicke, Ulrich (2013): Kulturlandschaft und Naturschutz: Probleme – Konzepte – Ökonomie. Berlin.
Hampicke, Ulrich (2018): Kulturlandschaft – Äcker, Wiesen, Wälder und ihre Produkte: Ein Lesebuch für Städter. Berlin.
Heiland, Stefan (2019): Kulturlandschaft. In: Kühne, Olaf / Weber, Florian / Berr, Karsten / Jenal, Corinna [Hrsg.]: Handbuch Landschaft. Wiesbaden, S. 651–665.
Hilpert, Markus / Mahne-Bieder, Johannes (2016): Inventarisierung der historischen Kulturlandschaft. Methoden und Ergebnisse einer Bestandsaufnahme im Wittelsbacher Land. In: Natur und Landschaft, 91. Jg., Heft 8, S. 366–373.
Hilpert, Markus / Müller, Jonas (2020): Kulturlandschaftsgeschichte. In: Landkreis Augsburg [Hrsg.]: Historische Kulturlandschaft im Landkreis Augsburg. Katalog. Augsburg, S. 22–25.
Konold, Werner / Beck, Rainer [Hrsg.] (1996): Naturlandschaft – Kulturlandschaft. Die Veränderung der Landschaften nach der Nutzbarmachung durch den Menschen. Landsberg/L.
Kremer, Bruno P. (2015): Kulturlandschaften lesen. Vielfältige Lebensräume erkennen und verstehen. Bern.
Küster, Hansjörg (2010): Geschichte der Landschaft in Mitteleuropa. Von der Eiszeit bis zur Gegenwart. 4. Aufl., München.
Landkreis Augsburg [Hrsg.] (2020): Historische Kulturlandschaft im Landkreis Augsburg. Katalog. Augsburg.
Pötzl, Walter [Hrsg.] (1993): Landschaft und Natur. (= Der Landkreis Augsburg; Bd. 1.). Augsburg.
Schenk, Winfried (2006): Der Terminus „gewachsene Kulturlandschaft" im Kontext öffentlicher und raumwissenschaftlicher Diskurse zu „Landschaft" und „Kulturlandschaft." In: Matthiesen, Ulf / Danielzyk, Rainer / Heiland, Stefan / Tzschaschel, Sabine [Hrsg.]: Kulturlandschaften als Herausforderung für die Raumplanung: Verständnisse, Erfahrungen, Perspektiven. (= Forschungs- und Sitzungsberichte der Akademie für Raumforschung und Landesplanung; Bd. 228). Hannover, S. 9–21.
Schenk, Winfried (2011): Historische Geographie. (= Geowissenschaften Kompakt). Darmstadt.
Schenk, Winfried (2020): Der Wert von Kulturlandschaften für die Umweltbildung in Deutschland aus kulturgeografischer und ideengeschichtlicher Perspektive. In: Kühne, Olaf / Strobel, Thomas / Traba, Robert / Schenk, Winfried / Fehn, Klaus / Denecke, Dietrich [Hrsg.] (1997): Kulturlandschaftspflege. Beiträge der Geographie zur räumlichen Planung. Stuttgart.
Unger, Hans-Jürgen (2000): Ökologisch und landeskulturell bedeutsame Flächen: Erforderliche Ausstattung der Feldflur. In: Bayerische Landesanstalt für Bodenkultur und Pflanzenbau [Hrsg.]: 100 Jahre Forschung für Landwirte und Verbraucher. Freising, München, S. 120–126.
Wieland, Dieter / Bode, Peter M. [Hrsg.] (1992): Grün kaputt. Landschaft und Gärten der Deutschen. Begleitbuch zur gleichnamigen Photo-Ausstellung. 12. Aufl., München.
Wirth, Eugen (1979): Theoretische Geographie. Grundzüge einer theoretischen Kulturgeographie. (= Teubner Studienbücher Geographie). Berlin.

Das Ries – eine Landschaft mit naturräumlicher Eigenart und kulturellem Reichtum

Dettweiler, Herbert (2002): Steinkreuze und Kreuzsteine im Ries. Nördlingen.
Dettweiler, Herbert / Steinmeier, Fritz (2015): Geopark Ries. Nördlingen.
Frei, Hans (2009): Kulturlandschaft Ries – Bestandsaufnahme und geschichtliche Grundlagen. In: Verein Rieser Kulturtage e. V. [Hrsg.]: Rieser Kulturtage. Eine Landschaft stellt sich vor. Dokumentation, Bd. XVII. Nördlingen, S. 87–96.
Frei, Hans (2010): Oettingen und Wemding – zwei Rieser Städte im Vergleich. In: Verein Rieser Kulturtage e. V. [Hrsg.]: Rieser Kulturtage. Eine Landschaft stellt sich vor. Dokumentation, Bd. XVIII. Nördlingen, S. 177–188.
Frei, Hans / Proeller, Wolfram (1983): Das Ries, wie es ist. Eine landeskundliche Erläuterung mit 123 farbigen Luftbildern und Beschreibungen. Nördlingen.
Frei, Hans / Krahe, Günther (1988): Archäologische Wanderungen im Ries. 2. Aufl., Stuttgart, Aalen.
Frei, Hans / Hilpert, Markus (2016): Bedeutsame Kulturlandschaft Ries. In: Verein Rieser Kulturtage e.V. [Hrsg.]: Rieser Kulturtage. Eine Landschaft stellt sich vor. Dokumentation, Bd. XXI. Nördlingen, S. 53–68.
Greiner, Heinrich / Partsch, Helmut (1986): Natur und Landschaft. Nördlingen.
Groiss, Josef Th. / Haunschild, Hellmut / Zeiss, Arnold (2000): Das Ries und sein Vorland. (= Sammlung geologischer Führer; Bd. 92). Berlin, Stuttgart.
Gruber, Christian (1899): Das Ries. Eine geographisch-volkswirtschaftliche Studie. Stuttgart.
Kießling, Rolf / Ullmann, Sabine [Hrsg.] (1999): Landjudentum im deutschen Südwesten während der Frühen Neuzeit. Berlin.
Kilian, Ruth (2002): Die Rieser Landwirtschaft im Wandel. Oberschönenfeld.
Kudorfer, Dieter (1985): Die Grafschaft Oettingen. In: Historischer Atlas von Bayern, Teil Schwaben; Heft 3. München.
Landkreis Donau-Ries [Hrsg.] (1991): Landkreis Donau-Ries. Donauwörth.
Ostenrieder, Petra (1993): Oettingen, Wohnen und Wirtschaften 1600-1800. Augsburg.
Paa, Werner (2017): Losodica. Munningen zur Römerzeit. Oettingen.
Pösges, Gisela / Schieber, Michael (2009): Das Rieskrater-Museum Nördlingen. Museumsführer und Empfehlungen zur Gestaltung eines Aufenthalts im Ries. 3. Aufl., München.
Schutzgemeinschaft Wemdinger Ried e. V. / Rieser Naturschutzverein e. V. [Hrsg.] (o. J.): 50 Jahre Naturschutz im Ries 1970–2020. Deiningen.

Sponsel, Wilfried [Hrsg.] (2008): Landkreis Donau-Ries. Natur und Kultur einer einzigartigen Landschaft. Nördlingen.
Sponsel, Wilfried / Lemke, Günter (2020): Nördlingen. Ein historischer Rundgang. 3. Aufl., Deiningen.

Kesseltal in der Riesalb

Bayerisches Landesamt für Umwelt (2012a): 38-A Kesseltal in der Riesalb. In: Bayerisches Landesamt für Umwelt [Hrsg.]: Bedeutsame Kulturlandschaften in Bayern – Entwurf einer Raumauswahl. Augsburg.
Bayerisches Landesamt für Umwelt (2012b): 38 Riesalb. In: Bayerisches Landesamt für Umwelt [Hrsg.]: Bedeutsame Kulturlandschaften in Bayern – Entwurf einer Raumauswahl. Augsburg.
Bundesamt für Naturschutz (2012): Landschaftssteckbrief 9800 Riesalb. In: Schutzwürdige Landschaften – Landschaftssteckbriefe Bayern (https://www.bfn.de/themen/biotop-und-landschaftsschutz/schutzwuerdige-landschaften/landschaftssteckbriefe.html). Letzte Änderung: 1. März 2012.
Hüttner, Rudolf / Schmidt-Kaler, Hermann (2003): Wanderungen in die Erdgeschichte. 10. Meteoritenkrater Nördlinger Ries. 2. Aufl., München.
Meyer, Werner [Bearb.] (1972): Die Kunstdenkmäler des Landkreises Dillingen an der Donau. München.
Schneider, Otto: Befestigung auf dem Michelsberg bei Fronhofen und Höhle „Hanseles Hohl". In: Frei, Hans / Krahe, Günther [Hrsg.]: Archäologische Wanderungen im Ries. 2. Aufl., Stuttgart, Aalen, S. 216–220.
Seitz, Anton Michael (1975): Markt Bissingen und sein Umland. Streifzüge durch Geschichte und Gegenwart. Gundelfingen/Donau.

Mertinger Höll und Schwaigenwinkel im Donauried

Bund Naturschutz in Bayern e. V. [Hrsg.] (o. J.): Mertinger Höll. Zu Gast bei Kiebitz und Großem Brachvogel. Regensburg.
Freybourg, Werner (1991): Schwaigen und Einöden in den Donauauen und die Perlenkette der Städte bis Donauwörth. Krumbach.
Mäck, Ulrich / Ehrhardt, Hans (2012): Das schwäbische Donaumoos und die Auwälder zwischen Weißingen und Gundelfingen. Augsburg.
Kolleffel, Johann Lambert (1974): Schwäbische Städte und Dörfer um 1750. Weißenhorn.
Sailer, Alois (2017): Wildgäs und Singschwäne. Gedichte. Weißenhorn.

Rodungsdörfer um den Wallfahrtsort Violau

Fehn, Klaus (1968): Karte 93: Die Zusam-Schotterplatten. In: Bayerisches Landesvermessungsamt [Hrsg.]: Topographischer Atlas Bayern. München.
Fehn, Klaus (1968): Karte 94: Baiershofen, ein spätmittelalterliches Rodungsdorf in Mittelschwaben. In: Bayerisches Landesvermessungsamt [Hrsg.]: Topographischer Atlas Bayern. München.
Frei, Hans (1977): Rechbergreuthen – Rodungsdorf in Mittelschwaben. In: Frei, Hans [Hrsg.]: Im Flug über Schwaben. Eine Landeskunde mit 80 farbigen Luftbildern, 2. Aufl., Weißenhorn, S. 98–99.
Frei, Hans (2013): Neumünster – ein spätmittelalterliches Rodungsdorf. In: Pötzl, Walter [Hrsg.]: Der Landkreis Augsburg. Natur, Geschichte, Kunst und Kultur. Augsburg, S. 78–79.
Heinle, Franz (2007): Gemeinde Altenmünster mit Baiershofen, Eppishofen, Hennhofen, Neumünster, Unterschöneberg, Violau, Zusamzell. Altenmünster.
Kreuzer, Michael / Ammich, Klaus (2008): Wallfahrtskirche Violau. Altenmünster.

Klosterlandschaft Oberschönenfeld

Czysz, Maximilian / Kleiner, Wolfgang B. (2021): Die Stauden-Stille. Schönheiten im Herzen von Schwaben. Mindelheim.
Eberlein, Hans (1961): Das Kloster Oberschönenfeld in seiner Bedeutung als Grundherrschaft und Kulturträger. Augsburg.
Frei, Hans (1997): Kulturlandschaftserhaltung und Heimatpflege am Beispiel des Schwäbischen Volkskundemuseums Oberschönenfeld. In: Schenk, Winfried / Fehn, Klaus / Denecke, Dietrich [Hrsg.]: Kulturlandschaftspflege. Beiträge der Geographie zur räumlichen Planung. Stuttgart, S. 254–259.
Frei, Hans (1999): Erhaltung und Pflege einer historisch geprägten Kulturlandschaft am Beispiel der Abtei Oberschönenfeld und ihres Umlandes (Landkreis Augsburg). In: Aurig, Rainer [Hrsg.]: Kulturlandschaft, Museum, Identität. Plauen, S. 156–161.
Frei, Hans [Hrsg.] (2002): Oberschönenfeld. Kloster und Museum. Oberschönenfeld.
Frei, Hans / Stettmayer, Friedrich (2006): Die Stauden. Portrait einer Landschaft in Bayerisch-Schwaben. Augsburg.
Freundeskreis Oberschönenfeld [Hrsg.]: Rundbrief seit 1976, „Die Tat" (jährlich 2x).
Pötzl, Walter / Gutmann, Horst [Hrsg.] (1985): Das Staudenhaus aus Döpshofen. (= Beiträge zur Heimatkunde des Landkreises Augsburg; Bd. 9). Augsburg.
Schiedermair, Werner [Hrsg.] (2011): Kloster Oberschönenfeld. Lindenberg.

Kammeltal zwischen Neuburg und Wettenhausen

Brenner, Bernhard (2011): Edelstetten. Vom Damenstift zum Schloss der Fürsten Esterházy. Lindenberg.
Flurbereinigungsdirektion Krumbach (1990): Ländliche Neuordnung Kammeltal-Süd. Krumbach.
Frei, Hans (1968): Karte 97: Mittelschwäbische Riedellandschaft auf der Iller-Lech-Schotterplatte. In: Bayerisches Landesvermessungsamt [Hrsg.]: Topographischer Atlas Bayern. München.
Kuisle, Anita (1990): Hammerschmiede Naichen. Geschichte und Technologie eines Handwerksbetriebs. München.
Kreuzer, Georg / Jehle, Dieter [Hrsg.] (2000): 800 Jahre Neuburg an der Kammel. Beiträge zur Ortsgeschichte. Thannhausen.
Mayer, Ulrich / Weizenegger, Josef (1985): Bildstöcke und Kapellen im Landkreis Günzburg. Günzburg.
Müller, Hans (2003): Die Kammel. Von der Quelle bis zur Mündung und ihr liebliches, romantisches Tal zwischen Alpen und Donau. Mindelheim/Loppenhausen.
von Hagen, Bernt / Wegener-Hüssen, Angelika (2003): Landkreis Günzburg. Ensembles, Baudenkmäler, Archäologische Denkmäler. (= Denkmäler in Bayern; Bd. VII.91/1). München.
Winbeck, Katharina / Rank, Gertrud (2011): Wettenhausen. Geschichte und kulturelle Bedeutung. Lindenberg.

Kloster Roggenburg und Umgebung

Konrad, Anton H. (1972): Zwischen Donau und Iller. Der Landkreis Neu-Ulm in Geschichte und Kunst. Weißenhorn.
Paul, Andreas (2003): Stoffenried. Geschichte und Geschichten. Krumbach.
Stankowski, Martin (2003): Land-Kloster – Kloster-Landschaft 1650–1800. Über das Bauen in Roggenburg und in Ost- und Oberschwaben. Lindenberg.
Tuscher, Franz (1991): Das Reichsstift Roggenburg im 18. Jahrhundert. 2. Aufl., Weißenhorn.

Augsburger Stadtwald

Häußler, Franz / Kubak, Ulrich R. J. (2013): Siebenbrunn. Augsburgs wasserreicher Stadtteil. Augsburg.
Hiemeyer, Fritz (1980 und 1981): Stadtwald Augsburg" – Berichte des naturwissenschaftlichen Vereins für Schwaben. Augsburg.
Krauss, Marita / Lindl, Stefan / Soentgen, Jens (2014): Der gezähmte Lech. Ein Fluss der Extreme. München.
Landschaftspflegeverband Stadt Augsburg e. V. [Hrsg.] (2017): Beweidung in Augsburg. Rückkehr der großen Pflanzenfresser. Augsburg.
Liebig, Nicolas (2015): Stadtwald Augsburg. Rad- und Wanderführer zu Quellbächen, Lechkanälen und Lechheiden. Augsburg.
Pfeuffer, Eberhard / Kuhn, Klaus (1999): Der Stadtwald Augsburg – ein Naturschutzgebiet. Berichte naturwissenschaftlicher Vereins für Schwaben. Augsburg.
Pfeuffer, Eberhard (2010): Der Lech. Augsburg.
Pfeuffer, Eberhard (2012): Natur in Augsburg. Augsburg.
Werner, Anton (1905): Die Wasserkräfte der Stadt Augsburg. Augsburg.

Ecknachtal zwischen Tödtenried und Klingen

Hilpert, Markus (2019): Historische Kulturlandschaftselemente im Landkreis Aichach-Friedberg. In: Frei, Hans / Hetzer, Gerhard / Kießling, Rolf [Hrsg.]: Historischer Atlas von Bayerisch Schwaben. 2. Aufl., 6. Lfg., Augsburg, Karte IV, 6.
Liebhart, Wilhelm / Ritter, Michael [Hrsg.] (2020): Gemeinde Sielenbach. Geschichte und Gegenwart. Sielenbach, Sankt Ottilien.
Mahne-Bieder, Johannes / Hilpert, Markus (2014): Kulturspuren in der Landschaft. Kulturlandschaftselemente im Wittelsbacher Land. Aichach.
Ongyerth, Gerhard (2012): Denkmäler in der Kulturlandschaft. Zur Entwicklung des baulich-kulturellen Erbes im Wittelsbacher Land. In: Paula, Georg / Bollacher, Christian [Hrsg.]: Landkreis Aichach-Friedberg (= Denkmäler in Bayern; Bd. VII,87). München 2012, S. XIII–XXIV.
Raab, Gabriele / Raab, Hubert (2010): Pilgerwege im Wittelsbacher Land. Rund um bekannte und vergessene Wallfahrtsstätten. Augsburg.
Raab, Gabriele / Raab, Hubert (2013): Spurensuche im Wittelsbacher Land. Bd. 1. Der Landschaft und Natur auf der Spur. Augsburg.
Raab, Gabriele / Raab, Hubert (2015): Spurensuche im Wittelsbacher Land. Bd. 2. Wanderführer. Zeitreisen Neuzeit. Augsburg.

Erholungslandschaft Bad Wörishofen

Feldmann, Christian (2021): 200 Jahre Sebastian Kneipp
Frei, Hans (2004): Geologischer Aufbau und Landschaft im Raum Wörishofen. In: Filser, August [Hrsg.]: Wörishofen. Auf dem Weg zum Kneippkurort, zu Bad und Stadt. Lindenberg, S. 9–14.
Filser, August [Hrsg.] (2018): Geschichte von Wörishofen und der eingemeindeten Dörfer Dorschhausen, Kirchdorf, Schlingen und Stockheim. Friedberg.
Keller, Adalbert (2021): Der „innere" Arzt. Kneipps Ordnungstherapie aus heutiger Sicht. Mindelheim.
Kneipp, Sebastian (1887): Meine Wasser-Kur. Durch mehr als 30 Jahre erprobt und geschrieben zur Heilung der Krankheiten und Erhaltung der Gesundheit. Kempten.
Schedler, Christian (2014): Bad Wörishofen. Bad Wörishofen.
Schiedermair, Werner [Hrsg.] (1998): Das Dominikanerinnenkloster zu Bad Wörishofen. Weißenhorn.
Seitz, Reinhard H. [Hrsg.] (2004): Wörishofen. Auf dem Weg zum Kneippkurort, zu Bad und Stadt. Lindenberg.

Ottobeuren und sein Umland

Faust, Ulrich (2015): Abtei Ottobeuren. Ein altes Kloster in Bayerisch Schwaben. 4. Aufl., Lindenberg.
Hoser, Paul (2001): Die Geschichte der Stadt Memmingen. Stuttgart.
Jahn, Wolfgang [Red.] (2009): Unterallgäu und Memmingen. Augsburg.
Meyer, Ulrike [Red.] (2012): Erich Schickling Stiftung – Dokumentation. Ottobeuren.
Meyer, Ulrike / Schickling, Inge [Red.] (o. J.): Erich Schickling. Memmingen.
Penck, Albrecht / Brückner, Eduard (1909): Die Alpen im Eiszeitalter. 3 Bde., Leipzig.
Schaber, Johannes (2019): „Heilig ist dieser Ort." Die Benediktinerabtei Ottobeuren im Bild. Lindenberg.

Auerberg und sein Umland

Auerbergland e. V. (2007): Bernbeuren. Kirchen und Kapellen. 7. Aufl., Regensburg.
Bayerisches Landesamt für Denkmalpflege (1985): Die Römer in Schwaben. München.
Flügel, Christof / Peter, Ernst [Red.] (o. J.): Auerbergmuseum im Kiebelehaus. Die Siedlungsgeschichte des Auerbergs. Bernbeuren.
Kahlert, Ingrid (2011): Auf den Spuren der Lechflößer. Flößermuseum Lechbruck. Lechbruck.
Küster, Hansjörg (1988): Vom Werden der Kulturlandschaft. Vegetationsgeschichtliche Studien am Auerberg (Südbayern). Weinheim.
Ulbert, Günter (1994–2015): Der Auerberg I–IV (Münchner Beiträge zur Vor- und Frühgeschichte). München.

Moränen- und Weiherlandschaft zwischen Seeg und Rückholz

Boeck, Pius (1959): Seeg. Das kleine Bistum im Allgäu. Marktoberdorf.
Guggemos, Georg (1963): Rückholz in der Geschichte. Rückholz.
Jahn, Walter (1977): Voralpenlandschaft bei Seeg – Moränen und Seen. In: Frei, Hans [Hrsg.]: Im Flug über Schwaben. Eine Landeskunde mit 80 farbigen Luftbildern, 2. Aufl., Weißenhorn, S. 42–43.
Kolb, Aegidius / Kohler, Ewald [Hrsg.] (1984): Ostallgäu. Einst und Jetzt. 2 Bde., Marktoberdorf.

Füssener Bucht und Königswinkel

Böhm, Reinhold (1992): Füssen. Wesenszüge einer 700jährigen Stadt. Füssen.
Ettelt, Rudibert (1978): Geschichte der Stadt Füssen. 3. Aufl., Füssen.
Grieser, Georg / Nasemann, Peter / Peresson, Magnus (o. J.): Der Forggensee. Bilder aus einer versunkenen Welt. Schwangau.
Historischer Verein Alt Füssen e. V. [Hrsg.] / Peresson, Magnus [Red.]: Alt Füssen. Organ des Vereins „Alt Füssen". Füssen.
Kolb, Aegidius / Kohler, Ewald [Hrsg.] (1984): Ostallgäu. Einst und Jetzt. 2 Bde., Marktoberdorf.
Liebhart, Wilhelm [Hrsg.] (1996): Schwangau. Dorf der Königsschlösser. Sigmaringen.
Nasemann, Peter (1996): Erd- und Landschaftsgeschichte des „Schwangauer Landes". In: Liebhart, Wilhelm [Hrsg.]: Schwangau. Dorf der Königsschlösser. Sigmaringen, S. 13–34.
Nasemann, Peter (2015): Der Lech im Gebirge. Thalhofen.
Steiner, Thaddäus (2005): Füssen. Ehemaliger Landkreis Füssen. (= Historisches Ortsnamenbuch von Bayern; Schwaben, Bd. 9). München.

Adelegg – Bergland zwischen Buchenberg und Isny

Benz, Wolfram (2013): Einblicke in die Landschaftsgeschichte des Westallgäus. Immenstadt-Werdenstein.
Holzberger, Rudi / Thierer, Manfred (2012): Die Adelegg. Das dunkle Herz des Allgäus. Wanderungen und Streifzüge. 2. Aufl., Eisenbach.
Ott, Erhard (2007): Das Kreuztal beiderseits der Eschach. In: Buchenberger Geschichtsblätter. Buchenberg.
Thierer, Manfred (2011): Fast in Vergessenheit geraten - Das Glasmacherdorf Leutkirch-Schmidsfelden. In: Schwäbische Heimat 62. Jg., Heft 3, S. 339-347.
Thierer, Manfred / Rasemann, Roland (2013): Die Alpen im Blick. Land und Leben im westlichen Allgäu. Biberach.

Allgäuer Bergregion

Crämer, Ulrich (1954): Das Allgäu. Werden und Wesen eines Landschaftsbegriffs. Remagen.
Elgaß, Peter u. a. (2009): Naturpark Nagelfluhkette. Natur, Kultur und Menschen im Allgäu und in Vorarlberg. Immenstadt-Werdenstein.
Güthler, Andreas (2006): Allgäu im Wandel. Eine fotografische Zeitreise durch die Landschaft im oberen Allgäu und im Tannheimer Tal. Immenstadt im Allgäu.
Heimatbund Allgäu [Hrsg.]: Heimat Allgäu - Kultur, Brauchtum, Natur und Freizeit - Nachrichten aus dem Allgäu (Zeitschrift, 4 x jährlich). Immenstadt.
Herrmann, Norbert (1984): Kempten und das Oberallgäu. Bilder aus der Geschichte der Stadt und des Landkreises mit Illustrationen von Andreas Sammet. Kempten.
Herz, Dieter (1993): Hindelang und seine Gäste. Zum Verhältnis zwischen Einheimischen und Urlaubern in einem Oberallgäuer Fremdenverkehrsort. Weißenhorn.
Hieble, Franz (2012): Oberstdorf - Deine Täler - Deine Berge. Immenstadt im Allgäu.
Himmelstoß, Horst / Jahn, Walter (1983): Das Allgäu. München.
Kettemann, Otto [Hrsg.] (2000): „Droben im Allgäu, wo das Brot ein End' hat". Zur Kulturgeschichte einer Region. Kronburg-Illerbeuren.
Kleiner, Wolfgang B. / Kluger, Martin (2014): Kulturerbe Alpwirtschaft in Bad Hindelang im Naturschutzgebiet Allgäuer Hochalpen. Augsburg.
Lindner, Karl (1955): Geschichte der Allgäuer Milchwirtschaft. Kempten.
Maier, Jörg (1970): Die Leistungskraft einer Fremdenverkehrsgemeinde. Modellanalyse des Marktes Hindelang/Allgäu. Ein Beitrag zur wirtschaftsgeographischen Kommunalforschung. München.
Nowotny, Peter (1984): Vereinödung im Allgäu und in den angrenzenden Gebieten. Kempten.
Ringler, Alfred (2010): Alm- und Alpwirtschaft in Bayern. München.
Schneider, Michael (2020): Naturgeschichte Allgäu. Geologie-Flora-Fauna-Naturschutz. 4. Aufl., Thalhofen.
Stankowski, Martin (2003): Bauen am Berg. Die Alpen des Landkreises Oberallgäu. Lindenberg.
Steiner, Thaddäus (2010): Allgäuer Alpnamen. Lindenberg.
Steiner, Thaddäus (2011): Allgäuer Bergnamen. Die Gipfelnamen der Allgäuer Bergwelt. 3. Aufl., Lindenberg.
Vogel, Rudolf (1996): Immenstadt im Allgäu. Geschichte, Gesellschaft, Wirtschaft, kulturelles und religiöses Leben im Laufe der Jahrhunderte. Immenstadt im Allgäu.

Westallgäu zwischen Gestratz, Grünenbach und Stiefenhofen

Benz, Wolfram (1986): Von der Entstehung unserer Landschaft im Westallgäu. In: Büchele, Berthold [Hrsg.]: Ratzenried. Eine Allgäuer Heimatgeschichte. Bd. 1, Ratzenried, S. 16-32.
Benz, Wolfram (2013): Einblicke in die Landschaftsgeschichte des Westallgäus. Immenstadt-Werdenstein.
Boneberger, Josef (1927): Die Regulierung der Gemeindeflur zu Schönau im 18. Jahrhundert. In: Westallgäuer Heimatblätter 1927-1929.
Thierer, Manfred / Rasemann, Roland (2013): Die Alpen im Blick. Land und Leben im westlichen Allgäu. Biberach.

Bodenseegebiet um Oberreitnau und Bodolz

Heimattag für den Landkreis Lindau (Bodensee) e. V. [Hrsg.] (2021): Zur Ehre Gottes und zur Freude der Menschen. Kapellen im Landkreis Lindau. Lindenberg.
Pörnbacher, Karl [Hrsg.] (2015): Der See / Die Insel / Die Berge. Der Landkreis Lindau. 2. Aufl., Lindau.
Poschwatta, Wolfgang (1977): Intensivkulturen - Obstbau bei Lindau. In: Frei, Hans [Hrsg.]: Im Flug über Schwaben. Eine Landeskunde mit 80 farbigen Luftbildern, 2. Aufl., Weißenhorn, S. 222-223.

Bildnachweis

Alle Fotos von Fritz Stettmayer mit Ausnahme von:

Altweck, Fridolin S. 141 u. li., 141 u. re.
Amt für Ländliche Entwicklung Schwaben S. 81 alle
Baier, Rudolf S. 75 u. li.
Bayerisches Landesamt für Umwelt – LfU Bayern S. 132 o. (GoogleEarth)
Benz, Wolfram S. 125 o., 125 Mitte, 130 o., 139 u. re.
Bohn, Jochen S. 29 alle, 31 alle, 112, 113 u. li., 114 o., 133 o. re.
Bohn, Luis S. 89 o., 94 o. re.
Dettweiler, Herbert S. 48 u. Mitte, 54 u. li.
Echter, Erich S. 93 o.
Ernst, Peter S. 111 o. li., 111 o. re.
Foto Fink – Nördlingen S. 51 u.
Geyer-Luftbild S. 43, 45 o. li., 47 u., 54 Mitte li., 103
Gretler, Thomas S. 41 Mitte re., 124 u., 125 u. li., 143 u.
Hafner, Renate S. 115 u. re.
Hartmann, Tobias S. 96, 99 Mitte
Hausarchiv der Dominikanerinnen von Kloster Wettenhausen S. 18 u. li.
Heigl, Stefan S. 51 o. li.
Helber, Alexander S. 61 o., 61 u. li., 63 u. re.
Hieble, Franz S. 135 o. li.
Högel – Verlagshaus S. 98 o. re., 98 u. re., 101 o. li., 101 o. re., 101 Mitte
Käsinger, Franz S. 63 o., 64 o., 65 u.
Kleiner, Wolfgang B. S. 9, 22 alle, 34, 36, 39, 40, 71 u., 75 o., 134 o., 134 Mitte re.
Kroepelin, Kurt S. 45 u., 46 u., 48 o. re., 54 u. Mitte, 54 u. re., 55 o. li.
Kroepelin, Vera S. 54 o.
Kulturamt Mindelheim S. 17
Kunstverlag Josef Fink S. 72 alle
Landesamt für Digitalisierung, Breitband und Vermessung S. 37, 67 o. li. und alle Ausschnitte aus topographischen Karten
Leidorf, Klaus S. 45 o. re., 56, 67 o. re.
Liebig, Nicolas S. 90 u.
Merk, Marcus S. 71 o.
Mettenleiter-Strobel, Barbara S. 87 alle
Nasemann, Peter S. 117 o.
Paa, Werner S. 17 li., 46 o. li., 48 u. Mitte
Pantel, Norbert S. 91 o. li.
Rieder, Erich S. 55 o. re.
Ritter, Michael S. 94 u. re., 95
Ruchte, Heinz S. 137 Mitte, 138 Mitte
Sayn-Wittgenstein, Camilla zu S. 59 o.
Schneider, Michael S. 129 u., 130 o., 131 u.
Schickling-Stiftung S. 105 o. re., 105 u. re.
Steinmeier, Fritz S. 49 o. li., 49 o. re.
Tuschel, Heinz S. 62 u. li.
Uhl, Karl S. 49 u. li.
Verkehrsamt Oettingen S. 51
Wagner, Ulrich S. 23, 83, 91 u. re., 97
Willner Wolfgang S. 62 u. li., 62 u. re.

Mittelschwäbisches Hügelland mit Wörleschwang und Wollbach

Zisterzienserinnenkloster Oberschönenfeld im Naturpark Augsburg-Westliche Wälder, Kirche und Klostergebäude im waldumsäumten Schwarzachtal

Impressum

Bibliografische Information der Deutschen Nationalbibliothek
Die Deutsche Bibliothek verzeichnet diese Publikation in der Deutschen Nationalbibliografie; detaillierte bibliografische Daten sind im Internet über http://dnb.ddb.de abrufbar.

1. Auflage 2021
ISBN 978-3-95976-323-3 (Kunstverlag Josef Fink)
ISBN 978-3-87437-601-3 (Anton H. Konrad Verlag)
Gedruckt in der EU

Kunstverlag Josef Fink
Hauptstraße 102 b, 88161 Lindenberg i. Allgäu
Telefon: (0 83 81) 8 37 21
Telefax: (0 83 81) 8 37 49
E-Mail: info@kunstverlag-fink.de
Alle Titel des Verlagsprogramms aktuell im Internet:
www.kunstverlag-fink.de

Anton H. Konrad Verlag
Schulstraße 5, 89264 Weißenhorn
Telefon: (0 73 09) 26 57
Telefax: (0 73 09) 60 69
E-Mail: info@konrad-verlag.de
Alle Titel des Verlagsprogramms aktuell im Internet:
www.konrad-verlag.de

Dank

Die Kulturlandschaften in Schwaben und weit darüber hinaus sind ein bedeutendes Kulturerbe. Die Erhaltung ihrer ökologischen Werte und ihres Erscheinungsbildes erfordern Verständnis und Rücksicht bei allen Planungen. Dieses Buch leistet dafür einen wichtigen Beitrag. Allen, die dabei mitgewirkt haben, gilt der herzliche Dank der Verlage und des Herausgebers.

Konzeption, Redaktion und Hauptautor
Prof. Dr. Hans Frei

Autoren
PD Dr. Markus Hilpert
Dipl.-Geograph Michael Ritter
Prof. Dr. Thomas Schneider

Fotografie
Fritz Stettmayer
Weitere Fotografen lt. Bildnachweis

Bildbearbeitung
Anton H. Konrad Verlag

Literaturverzeichnis
Dr. Wolfgang Hatz

Schreibkräfte
Serap Ceran
Verena Gawert

Korrektorat
Carolin Völk

Layout und Kartographie
Dipl.-Ing. (FH) Jochen Bohn

Fachliche Partner
Bayerischer Landesverein für Heimatpflege
Bayerisches Landesamt für Umwelt
Landesamt für Digitalisierung, Breitband und Vermessung
Institut für Geographie der Universität Augsburg
Schwäbische Forschungsgemeinschaft, Augsburg

Sponsoren
Bezirk Schwaben — BEZIRK SCHWABEN
Bayerische Volksstiftung
Dr. Eugen Liedl Stiftung — Pro Suebia
Hans Frei Kulturstiftung

KURT UND FELICITAS VIERMETZ STIFTUNG
AUGSBURG